Mensajes de tus ángeles

Lo que tus ángeles quieren que sepas

Mensajes de tus ángeles

Lo que tus ángeles quieren que sepas

Dra. Doreen Virtue

Grupo Editorial Tomo, S. A. de C. V.,
Nicolás San Juan 1043,
03100, México, D. F.

1a. edición, septiembre 2007.
2a. edición, junio 2011.

©   *Messages from Your Angels*
     por Doreen Virtue, Ph. D.
     Copyright © 2002 por Doreen Virtue, Ph. D.
     Publicación original en inglés 2002 por
     Hay House Inc., California, U.S.A.

©   2011, Grupo Editorial Tomo, S.A. de C.V.
     Nicolás San Juan 1043, Col. Del Valle
     03100 México, D.F.
     Tels. 5575-6615, 5575-8701 y 5575-0186
     Fax. 5575-6695
     http://www.grupotomo.com.mx
     ISBN-13: 978-970-666-630-7
     Miembro de la Cámara Nacional
     de la Industria Editorial No 2961

Traducción: Ivonne Saíd Marínez
Diseño de portada: Trilce Romero
Formación tipográfica: Luis Raúl Garibay Díaz
Supervisor de producción: Leonardo Figueroa

Este libro se publicó conforme al contrato establecido entre
Hay House, Inc., InterLicense, Ltd. y *Grupo Editorial Tomo, S.A. de C.V.*

Impreso en México - *Printed in Mexico*

Contenido

Introducción
de Doreen Virtue

Este libro es la secuencia de *Terapia con ángeles*, un libro cuyo proceso de creación y realización me cambió la vida. Sin embargo, *no* es necesario que lo leas primero para entender, o recibir, todas las cosas positivas que encontrarás en este libro, pues *Mensajes de tus ángeles* es un trabajo independiente.

El día que se me ocurrió la idea de escribir *Terapia con ángeles*, envié un correo electrónico a mi casa editorial en el que describía mi proyecto con una sola oración. Por lo general, los editores piden una propuesta detallada antes de apoyar la publicación de un libro. Pero por increíble que parezca, en unas cuantas horas mi editorial aceptó publicar mi trabajo aunque lo único que sabían de él era su título. De cualquier forma, no hubiera podido mandarles la descripción, pues no tenía ni idea de qué iba a tratar. Los ángeles guiaron y dirigieron el proceso desde el cielo, y mi editor y yo recibimos su influencia.

La primera mitad de *Terapia con ángeles* me la dictaron los ángeles. Yo me sentaba frente a la computadora, hacía oración, y después entraba como en trance. Era como si las palabras de los ángeles traspasaran mi conciencia y llegaran directo a la punta de mis dedos para ser tecleadas. Me preocupaba que las palabras no fueran claras, por eso tomé la decisión de leer el manuscrito una vez que estuviera terminado. Fue entonces cuando descubrí la cariñosa y sabia guía de los ángeles, ellos hicieron la primera mitad de *Terapia con ángeles*. Aprendí mucho de sus palabras, aunque algunos de sus mensajes "rebasaban" mi comprensión espiritual de ese momento, y no es que fueran superior a ella, simplemente provenían de una conciencia espiritual más elevada a la que poseía entonces. Con el tiempo, poco a poco entendí lo que decían los ángeles, y hoy en día ¡comprendo mucho mejor sus mensajes!

La creación de este libro, *Mensajes de tus ángeles*, fue totalmente diferente. Han pasado muchos años desde que escribí *Terapia con ángeles*, y he recorrido el mundo dando talleres en los que me comunico con los ángeles en presencia del público asistente. Esta experiencia me ha ayudado a conocer mejor y a acostumbrarme más al proceso.

Los ángeles también me dictaron *Mensajes de tus ángeles* después de hacer oración para pedir su guía. Ellos eligieron los temas de la Parte 1 de este libro, y me dijeron exactamente qué escribir. Cada capítulo contiene material que me llenó de sorpresa cuando lo leí, pues en la mayoría de los casos la información era nueva para mí. La lógica de los ángeles es increíblemente clara, aunque muy diferente a la de los mortales. Así que también en esta ocasión aprendí mucho siendo la escriba de los mensajes de los ángeles.

Para conformar la Parte 2, hice cierto número de preguntas a los ángeles, la mayoría de ellas provenientes de las personas que asisten a mis talleres y el resto de mi propia inspiración. En este capítulo, los ángeles me respondían en cuanto les hacía mentalmente una pregunta específica, aunque a veces sus respuestas no llegaban en el momento más conveniente para mí. Por ejemplo, una vez estaba trotando en un parque con vista al mar en la Jolla, California, y pregunté a los ángeles sobre la naturaleza y la misión de los delfines. Más me tardé en hacer la pregunta en mi mente que en recibir la irónica respuesta de los ángeles, la cual leerás en páginas posteriores. Les pedí que "esperaran" a que pudiera volver al cuarto de hotel para escribir su mensaje en mi computadora portátil.

Lo mismo sucedió durante varias sesiones de caminata; no obstante, cuando los ángeles terminaron de "escribir" el capítulo que se llama "Respiración" (los capítulos no se hicieron en orden cronológico), entendí mejor su método. Según los ángeles, sus mensajes llegan a nosotros a través de las moléculas de oxígeno, así que entre más rápido respiramos y mejor es la calidad del aire que aspiramos, más claros son sus mensajes. Mientras trotaba, claro, mi respiración era más profunda y rápida, y así eran las palabras de los ángeles. Cuando estoy en sitios en los que la calidad del aire es mejor, me doy cuenta de que la comunicación con ellos y la recepción de sus mensajes es más específica y clara.

El proceso

El proceso que seguí para escribir este libro fue sentarme frente a la computadora, hacer unas cuantas respiraciones profundas, cerrar los ojos y hacer oración al Cielo para que pudiera transcribir sus palabras. Mis oraciones son reflejo de mis antecedentes cristianos y metafísicos, aunque los mensajes no son confesiones y están dirigidos a personas religiosas y no religiosas.

Después de orar, me concentraba en una pregunta o un tema y pedía a los ángeles que me dictaran el capítulo para escribirlo. Fue entonces cuando escuché una voz suave pero firme en mi oído derecho cuyo tono y energía eran masculinos; provenía del arcángel Miguel y de un grupo de ángeles que se hace llamar simplemente "El reino de los ángeles", que son como "ángeles voceros", por así decirlo.

La voz me dictaba las palabras y me corregía cuando no escuchaba bien; me indicaba cuándo marcar con itálicas una palabra y cuándo poner una frase entre comillas. Al preguntar a la voz: "¿Estás seguro de que esta frase está bien?", me respondía con firmeza: "Sí, déjala así", o corregía las palabras que yo había escrito mal porque no escuchaba bien el dictado.

Cuando estudié para terapeuta, en la universidad me enseñaron a ser escéptica profesional. Un fundamento de la psicología es interpretar la patología y clasificarla como algo incomprensible para los sentidos materiales. Por lo tanto, la primera vez que incursioné en esta forma de transcripción automática, dudaba de su validez por instinto.

Me convencí de su autenticidad por dos razones. La primera, la voz era masculina y si yo hubiera inventado las palabras, hubiera escuchado una voz femenina y quizá muy parecida a la mía. Con esto no estoy diciendo que si escuchas una voz que corresponde a tu mismo género es tu imaginación. Sin embargo, si la voz pertenece a otro género, es mucho más fácil distinguir que no se trata de la mera imaginación.

La segunda, cada vez que escribo automáticamente, aprendo cosas nuevas que nunca había leído, escuchado o pensado. El aprendizaje fue lo que más me convenció de que las palabras eran auténticas. Me emocionaba mucho sentarme frente a la computadora, pues sabía que tendría acceso a información que desconocía. Llegaba a mis sesiones de transcripción preguntándome: *¿Qué aprenderé hoy?*

Te pido por favor que crees tu propia opinión conforme vayas leyendo los mensajes de los ángeles. Tu mente, tu corazón y tus sentimientos te indicarán si son auténticos o no.

Cuando era estudiante, tomé Filosofía como asignatura opcional y algunos cursos de lógica y retórica. Con dichos cursos aprendí a analizar la lógica que hay detrás de cada material escrito, por eso me llama tanto la atención la lógica que los ángeles aplican en sus mensajes. Presentan puntos de vista nuevos que, una vez que comprendes, son muy razonables. Hacían que me preguntara: *¿Por qué no lo entendí antes?* Descubrí que su manera de percibir a la humanidad y la vida es muy clara, y nos da a los humanos mucho más crédito del que nos damos nosotros mismos.

Comunicarme y trabajar con los ángeles es una parte más integral de mi vida hoy que cuando escribí *Terapia con ángeles*. "Recuerdo" con más facilidad que puedo pedirles que me ayuden en todos los aspectos de mi vida y que siempre lo hacen. Noto que a los asistentes a mis talleres les sucede lo mismo. Cada vez es más la gente religiosa que acude a ellos. Existe una nueva apertura a la espiritualidad, sin miedos ni culpas, que es muy alentadora. Me doy cuenta de que los asistentes son gente pragmática y con ideas propias que quiere explorar diferentes vías de espiritualidad; desean experimentar y crearse su propia idea de la espiritualidad, en lugar de que una figura religiosa con autoridad les diga qué hacer o cómo rezar. Esto refleja la libertad del Espíritu, ¿no estás de acuerdo?

Todos escuchamos a los ángeles

Todos escuchamos la voz del Cielo, lo creo con toda el alma. La voz llega a través de nuestro corazón, entrañas, cabeza, orejas y ojos. Su influencia es mucho mayor a la que pensamos, pero sólo si le damos permiso de actuar por medio de nuestras oraciones casuales o formales. Incluso un grito de ayuda, como por ejemplo: "Si alguien me escucha, ayúdeme por favor", es suficiente para solicitar la ayuda de nuestros ángeles.

Mi misión no es tanto ayudar a la gente a que escuche a sus ángeles, sino crear un ambiente en el que tengamos menos miedo al conocimiento y a seguir su consejo. Casi en todas las sesiones que hago con ángeles, la persona que me consulta dice: "¡Pensé que eso era lo que me decían mis ángeles!". Yo sólo estoy ahí para confirmar el mensaje que ya habían recibido, y quizá actuar como guía para que hagan caso a dicho consejo.

Aun así, el miedo nubla este proceso. Los miedos van desde "estoy enloqueciendo", "estoy perdiendo el control", "estoy cometiendo un error" y "voy a ser castigado", hasta "estoy perdiendo el sentido de lo que es ser uno mismo". No obstante, la mayoría de los asistentes a mis talleres también dice que ansía tener una conexión más fuerte con el Divino. Esta ambigüedad hace que den un paso adelante y otro atrás.

El insoportable dolor provocado por la herejía y el asesinato de brujas que tuvo lugar del año 1300 al 1700, cuando la gente que era espiritualmente "diferente" era asesinada con los métodos más atroces, aún permanece en el mundo. La Inquisición forma parte de lo que Carl Jung llamaba "el inconsciente colectivo", y sus devastadoras secuelas han hecho que a muchos de nosotros nos dé miedo comunicarnos con el Cielo. En algún lado, en el interior de nuestra mente, recordamos que nos mataron por hablar con los ángeles.

Por suerte, los ángeles y los arcángeles alivian estos miedos tan arraigados y así desbloquean nuestro sentido espiritual del oído, tacto y vista. Nos liberan de las antiguas ataduras que nos mantenían en los oscuros calabozos emocionales, lejos del cariñoso llamado del Cielo.

Por eso, en el último capítulo de este libro describo algunos métodos que te ayudarán a volverte más receptivo a los mensajes de tus ángeles de la guarda. Conforme leas los mensajes que contiene este libro, recibirás mensajes personalizados de *tus* ángeles, y dicha comunicación se realizará a través de tus sensaciones, pensamientos, visiones o voz interior. Te exhorto a que les prestes atención, pues podrían contener la respuesta a tus oraciones.

Sé que cuando le pido ayuda al Cielo, mis oraciones siempre son respondidas. Las respuestas no me llegan en forma de relámpago, ni como una voz fuerte que viene del cielo; su aparición es más sutil, por medio de presentimientos e ideas constantes y fuertes. En los capítulos finales del libro, toco el tema de cómo saber si realmente estás oyendo la voz del Cielo o no.

Conforme nos deshacemos de los miedos que nos bloquean para no recibir y reconocer los mensajes de nuestros ángeles, nos volvemos más conscientes de la presencia del amor en nuestras vidas. Nuestro corazón se expande, nos volvemos más amables y más compasivos. Descubrimos el significado de la vida, así como la dirección y la misión de la misma.

En su infinita bondad, el Creador envió a los ángeles para que nos acompañen, y su objetivo es hacer que la paz reine en la Tierra, trabajando persona por persona. Si unimos esfuerzos con los ángeles, podemos cumplir esa meta.

Introducción

del reino de los ángeles

Tú que buscas respuestas las encontrarás; consulta a tus ángeles conforme leas nuestras palabras. Nosotros estamos contigo día y noche, y sólo aceptamos verte con la luz sagrada que arde en tu interior. Somos tus amigos leales, tus compañeros constantes, tus camaradas eternos. Nosotros, tus ángeles, estamos a tu alrededor, sólo que somos imperceptibles según los puntos de vista erróneos que tienen en la Tierra respecto a la existencia. Donde tú ves desesperanza, nosotros siempre vemos esperanza; donde tú ves cicatrices incurables, nosotros siempre vemos buena salud; donde tú ves agonía eterna, nosotros vemos la solución al dolor.

Somos tus amigos, tus aliados, tus mayores admiradores y tus guías dinámicos. Somos tus ángeles y te amaremos hasta la eternidad. No podría ser de otra manera. Sin amor, dejaríamos de existir. Y como la obra de Dios no puede borrarse ni confiscarse, el amor nunca se acaba. Como bien sabes, tú eres amor. Tu amor es leal, como una flama constante que no sucumbe ante el aire que hay a su alrededor. Tu amor *es* felicidad, *es* paz, *es* inmortalidad y *es* muy apreciado.

No es necesario que hagas un viaje pesado o peligroso para llegar a casa, ya estás ahí. Nosotros satisfacemos tus necesidades, pues te ayudamos a escapar de los productos de tus pesadillas. Estamos contigo, adentro de la prisión que tú mismo creaste, y te damos ánimo para que te escapes. Te ayudamos para atravesar las paredes y para que te des cuenta de que eres completamente libre, libre de preocupaciones, miedos y angustias... sí así lo decides.

Aunque algunos de ustedes eligen el camino opuesto porque piensan que el dolor es inevitable; o mejor dicho, que el dolor es parte indispensable de este proceso que llaman "vida", nosotros estamos aquí para demostrarles que no es así, que existen otras opciones y que pueden borrar los efectos negativos de elecciones anteriores por medio de la sagrada y poderosa fuerza de voluntad. Tú, que eres todo poderoso, tienes esta "cláusula de escape" grabada en el interior de tu ser.

Sí, es muy cierto que el dolor es un medio para crecer; sin embargo, te informamos que tienes a la mano otras opciones, pues, finalmente, ya "creciste". Eres producto de la creación Divina y como tal, estás totalmente formado en todos los sentidos. Por lo tanto, tu aprendizaje es una ilusión; "aprender" en realidad significa "olvidar", deshacerte de las ideas que creó tu ego. Reduce la influencia del ego y reemplázalo poco a poco con tu yo superior. Creces cuando olvidas el sistema de pensamientos dañinos y recuerdas tu origen Divino. ¿Necesitas el dolor para olvidarlo cuando en éste reside el origen principal del ego? Por supuesto, eres presa de la lógica circular que el ego utiliza para mantenerte atrapado en su creciente espiral. Nada traspasa el sistema de defensa del ego, y tu opción para escapar es alejarte y recordar el amor.

El amor divino siempre ha sido, y será, la respuesta que buscas. No importa qué forma tenga, esta verdad es inevitable. No querrás escapar a la santidad del amor ni a su apreciación inmaculada, que son las bases reales de tu existencia. Es el vientre que todo lo abarca y que tanto has buscado; es el beso y el abrazo sagrados que ansías; es el alma gemela de las almas gemelas; es tu amor divino.

Entonces, aprende olvidando en conciencia las faltas que te indicaban los errores que hubo en tu creación. También crece recordando tu origen sagrado. Aprende y crece despacio, olvidando el dolor y recordando el amor, así te desharás de las telarañas en las que alguna vez quedaste atrapado. No dejes que se te escape otro momento sin que percibas el amor palpitante que late continuamente en tu interior como un tambor, perfectamente sincronizado con la felicidad que emana de Dios.

Eres el mayor triunfo de Dios, y mientras te deleitas en la conciencia de esta verdad, permite que nosotros, los ángeles, quitemos las capas de dolor que acumulaste durante tus viajes. Te esperan nuevos aspectos, graciosos como una bailarina de ballet, suaves como una cama de azucenas, y seguros como una fortaleza. Estás en casa, a salvo, y eres bien amado. Ahora y siempre.

Parte
1

Mensajes de
tus ángeles

Agotamiento laboral

Muchos de ustedes piden ayuda al Cielo para escapar de empleos que ya no toleran. Ésta es una forma acertada de trabajar con tus ángeles, pues nosotros te llevamos a la libertad. Sabemos que te sientes coartado en tu lugar de trabajo y buscas un medio de seguir el ritmo natural de tu ser. Sueñas con trabajar por tu cuenta, o con tener una varita mágica para transformar tu carrera en una que tenga mayor autonomía y significado. No estás cómodo con la situación actual, pero sientes que no puedes darte el lujo de dejarla ir.

La inseguridad financiera y las muchas presiones que tienes encima, acaban con tu tiempo, inspiración y energía para lanzarte a una nueva aventura. Estás atrapado y el agotamiento acaba con tu alma, dejándola incapaz de huir de este tormento diario. A tu aburrimiento se une el mucho tiempo que pasas dentro de la oficina, una combinación sin duda volátil. Todo esto es antinatural, y nos da mucho gusto que tú y otras personas estén volviéndose más naturales, o cuando menos lo están intentando.

Volverse natural significa confiar y hacer caso a los impulsos del corazón. Ser antinatural es negarse a seguir los dictados del amor y encerrar al alma con barreras, ¡Pero no puedes meter al amor en una caja, encerrarlo y esperar que brille! Tú, que tienes mucho que darle a este mundo, pero conviertes tu legado en resignación cuando te traicionas de esta manera, ¿qué quieres enseñarle a tus hijos con tu actitud hacia el trabajo, resignación o determinación?

Si deseas algo, cuentas con los medios para conseguirlo. Sólo debes establecer con claridad lo que quieres, orar para recibir guía y motivarte para dar los pasos necesarios. Negar esta vía de "escape" es negar tu semejanza con Dios. No eres víctima de ninguna ilusión de seguridad falsa a menos que la complacencia te retenga ahí. Te brindamos un plan de escape sencillo y gradual, o te ayudamos a sanar una situación intolerable para que todos los involucrados reciban bendiciones.

No es necesario que recurras a la ira, a la impulsividad o a la frustración. Tienes la llave para abrir tu prisión inmediatamente, lo único que debes hacer es meterla sin miedo en la cerradura para escapar. El poder se te concede en el momento que lo deseas. Millones de soluciones están a tu entera disposición, sólo es cuestión de que programes a tu mente en la opción de "soluciones" y no en la de "problemas". Confía en que sucederá lo mejor para ti y tu familia. La desesperanza sólo te llevará a callejones sin salida. Dios no te da las soluciones, pero sí escucha las oraciones en las que pides ayuda para alcanzar la felicidad.

¡Tienes mucho que ofrecerle al mundo, *Querido Nuestro*! Tienes muchos talentos que rebasan tu comprensión, algunos requieren perfeccionamiento, paciencia y práctica, pero son tus talentos. También son la raíz de tus pasiones y las bases que conforman el sendero de tu misión en esta vida. Tienes el poder, y la firme intención, de crear una carrera cimentada en tu misión, ¡pues no hay carrera que te dé más felicidad que ésta!

Oramos para que reconozcas que estás calificado para emprender esta carrera de pasión y metas, y que te la mereces. Rezamos para que pidas nuestra guía y para que sigas los consejos que te damos. Oramos para que tengas fe.

Amigos del alma

El término *amigos del alma* encierra una verdad mucho más grande de lo que muchos se imaginan, pues un amigo del alma es literalmente un amigo que forma parte de tu grupo de almas, un ser que se te ha asignado como guía en la Tierra, así como tu fuiste asignado a él o ella. Debes recordar, en el nivel más profundo, que tu origen no está en esta tierra, sino en la estratosfera a la que llamas "Cielo", donde residen las almas. Algunas de ellas crean lazos íntimos y forman grupos en ciertos casos, los cuales varían en tamaño y dimensión, según los intereses en común de los seres en cuestión.

Estos seres se vuelven "amigos", en el sentido de compañeros y camaradas, se apoyan entre sí para guiarse y aconsejarse. Cuando un amigo se separa y opta por vivir en un planeta, es común que otro amigo se ofrezca voluntariamente a acompañarlo o acompañarla en el viaje. Reconocer a un amigo del alma en la Tierra es un momento muy emocionante; el grado de familiaridad con esa persona va más allá de la tierra.

Sin embargo, no hay que confundir esto con el deseo de crear un lazo íntimo de amor con una pareja romántica que se convertirá en tu amigo perfecto. Es innegable el hecho de que tu amigo del alma está unido a ti, aunque no significa que lo esté de por vida. Esta persona se acerca a ti para confortarte y para traerte consuelo desde casa; él o ella vienen para cuidarte, para recordarte cuáles son las lecciones que debes aprender en la tierra y para darte regalos terrenales. No obstante, sería una falacia lógica creer que es "el elegido", a quien buscas en tus fantasías románticas.

"El Elegido", en el sentido que el mundo le da, es una ilusión. Para ser exactos, se trata de una idea romántica que muchos encuentran y muchos más persiguen. Sin embargo, "el Elegido" no es necesariamente un amigo del alma, pues éste es más bien un "auxiliar"; es decir, alguien que te ayuda a cumplir con la misión que elegiste realizar en esta vida. Tu amigo del alma es literalmente un amigo de casa, el cual fue enviado para ayudarte a reconocer a Ése que es tu Origen y tu Creador. Tu amigo del alma te ayuda a recordar la luz de Dios y el amor eterno. Si te sientes atraído hacia tu amigo del alma, es porque te atraen las cualidades de Dios que reconoces en el interior de ese ser. Cuando amas a tu amigo del alma, literalmente amas a Dios.

Conoces a cada pareja por una razón y objetivo específicos, y sientes que algo en tu corazón te jala hacia tu Amado. Este jalón no es más que el llamado del objetivo de esa relación, meta que puede cumplirse en unos minutos o décadas. Pero una cosa es cierta, cuando se llegó al objetivo, el jalón se esfuma. Podrías decir que esas parejas se "apagaron", pero la verdad es que ahora les corresponde cumplir con otra meta y se unirán a nuevas parejas. Su amor nunca se disolverá, y estarán agradecidos mutuamente por el papel importante que cada uno tuvo. Entonces, es momento de que dejes de ver hacia atrás y te comprometas a cumplir con la meta actual.

Tal vez conozcas y ames a muchos amigos del alma, *Querido Nuestro*, eso dependerá del tamaño y dimensiones de tu grupo de almas. Algunos de tus amigos aún son espíritu y están esperando nacer en la Tierra. A muchos les enseñarás durante tu estancia en la Tierra, pero también aprenderás de ellos. Al final, el regreso a tu grupo de almas está lleno de alegría y felicidad. ¿Por qué no disfrutas de esa alegría y esa felicidad en este momento, mientras estás con esos seres maravilloso que te enviaron desde casa?

Cuando reconozcas a un amigo del alma, no quieras atraparlo, más bien disfruta y aprovecha sus dones celestiales.

Bebe de ellos para abastecerte de combustible y cumplir con tu misión en la Tierra. No importa si esa relación termina en unión, lo importante es que veas el Cielo reflejado en sus sagrados ojos y que esa imagen se refleje a su vez en tu ser divino. Amigos del alma, benditos sean. Nosotros, los ángeles, los besamos con gratitud, pues se reflejan unos a otros el sagrado y divino amor y gracia de Dios.

Amor romántico

Aunque el amor romántico no incrementa el brillo de la llama divina de amor, ni tampoco da la tranquilidad sin precedentes que se siente al ser mecido en la perfección divina de Dios, sí resulta un buen sustituto, si se puede llamarle así. Primero, te brinda sensación de seguridad y protección, pues en este mundo hay mucho peligro, ¿no? En muchas ocasiones satisfaces la necesidad de seguridad y protección sólo cuando estás en los brazos de tu amante.

El amor romántico inicia con una falsa sensación de seguridad, a la que entonces se le añade una sensación de peligro a lo largo del camino. Lo que queremos decir es esto: Al principio comienzas la relación con confianza y sin ideas preconcebidas, pero conforme avanza vas viendo cosas que te recuerdan al peligro. Analizas los detalles de la relación y decides que tal o cual son indicativos de que no estás a salvo. Entonces, complementas esos sentimientos con infelicidad, provocando, otra vez, la sensación de que tus expectativas corren peligro.

Lo que realmente encuentras en una relación romántica es falta de atención. Actitud y espíritu libres es lo que tienen todas las creaciones de Dios. Tampoco estamos diciendo que seas descuidado y eludas tus responsabilidades, claro que no. Simplemente queremos que entregues tus preocupaciones al amor y confíes en el poder del universo para guiarte con precaución.

Tus responsabilidades son tediosas, te provocan muchas penas y se convierten en cargas pesadas. Entonces, buscas una pareja para escapar de estos lastres, aunque sea por un momento. Es esencial que te alejes del caos constante y del estrés para que tu alma tenga paz. Y claro, cuando una nueva relación te ofrece esta oportunidad, te llenas de felicidad.

Por lo tanto, para que haya equilibrio en la relación romántica debes evitar añadirle más cargas. Muchas relaciones se acaban cuando se tiene la idea de que ésta provoca más peligro que tranquilidad. Si la relación provoca más estrés, la reacción natural es buscar refugio y protección. Es entonces cuando se inician los problemas en la mayoría de las relaciones, pues una de las partes busca refugio y seguridad en otro lado.

Una relación permanece en el plano más elevado posible, sólo si sus miembros entregan las inevitables preocupaciones y responsabilidades a la verdadera fuente de amor: Dios. Si la pareja está dispuesta a hacer esto junta, muchísimo mejor porque entonces existe la esperanza de que el amor romántico continúe siendo un refugio en la tormenta y no un espejismo que cruelmente ofrece un sustento que no existe.

El amor romántico es el camino que corre paralelo al verdadero sendero del amor divino de Dios. El amor romántico y el divino se complementan, pues básicamente provienen de la misma fuente. Sin embargo, cuando el amor romántico reemplaza al amor divino siempre surge la insatisfacción. No olvides que tu relación sentimental debe ser sagrada, y busquen juntos seguridad y refugio en el único lugar donde pueden encontrarlos: en el Dios que llevan dentro.

Autoestima

Una parte de tu conciencia humana con frecuencia te critica con mala intención, lastima tus emociones y debilita la elevada opinión que tienes de ti mismo. Cuando esto sucede, olvidas tu semejanza con Dios y no lo distingues en el interior de los demás. La presuntuosidad también está involucrada, pues te eleva a un sitio "seguro" donde nada te preocupa y nadie te hace daño.

Los cambios y los trastornos en la percepción que tienes del Dios que vive en ti, te provocan crisis, *Querido Nuestro*. No olvides a tu Creador celestial, que habita en tu interior. Él no se equivoca y ninguna de sus creaciones puede deshacerse de su perfección original. Tú mismo inventas la crítica de la que eres víctima, cuyo objetivo es hacerte descender de las alturas del Cielo y caer en las entrañas del sufrimiento. ¿Por qué una creación celestial elegiría eso? La experimentación es parte de lo que te lleva a tomar esa decisión. El sufrimiento es un medio que los humanos usan para aliviar el ansia de volver a casa, al Cielo. Al colocarte en una luz negativa, "olvidas" tu hogar celestial y entonces te sientes más anclado a tu casa terrenal.

Sin embargo, nosotros estamos aquí para enseñarte otra forma de eliminar tu dolorosa añoranza, Preciado Hijo de Dios. Puedes usar este dolor para elevarte en conciencia a otro nivel de conocimiento de la verdad. La "verdad" que reside en el sufrimiento no es más que una parte minúscula de todo el conocimiento que te espera. Aprender a través del sufrimiento es una labor lenta y ardua, mientras nosotros esperamos cruzados de brazos para conducirte hacia el conocimiento consciente de tu verdad interior.

Tú, que tienes reservada semejante magnificencia, no esperes un momento más para elegir esta opción que tienes al alcance de tu mano; tómala y oprímela fuerte contra tu pecho. Eres todo poderoso, como tu Creador, pero de diferente manera. Tus creaciones te producen alegría, cuando decides experimentarla. Tu felicidad sale a flote, desde tu interior, y alienta a los demás igual que una carcajada contagia a un grupo de personas. En este momento tienes la gran oportunidad de disfrutar, en el interior y el exterior, esa alegría, olvida el sufrimiento y déjalo atrás.

La "autoestima" es simplemente una evaluación de cómo estás aprovechando el instante; es como si evaluaras cómo inviertes tu dinero y si respetas ese preciado recurso. Cuando sufres desprecias la valiosa oportunidad de ese momento y te niegas a disfrutar la felicidad que tienes a la mano. Pero cuando te ríes a carcajadas es porque respetaste tus opciones y elegiste correctamente. Esta verdad aplica incluso cuando tienes responsabilidades que podrías considerar "serias". En tu corazón hay espacio para la risa en cualquier circunstancia, sin importar el contexto.

Cuando hablas de autoestima alta, sabemos que eso significa que te aprecias y te respetas profundamente. Y para llegar a ello primero tienes que apreciar y respetar los recursos del momento *en este instante*. Exprime todo el jugo a la alegría que te ofrece este minuto y agradecerás haber tomado la decisión de darle paz a tu yo interior.

Tú, que tienes el poder de todas las esferas de Cielo en tus entrañas, no necesitas ser indiferente contigo porque eres tan sagrado como cualquiera de las creaciones celestiales. Eres el vivo ejemplo del trabajo de Dios encapsulado en un ser tan encantador, que el Cielo suspira cuando te ve. ¿No sabes que te amamos eternamente y que trabajamos sin cesar para regalarte periodos de inquietud, de tristeza y de angustia con la intención de que conozcas la luz de la felicidad? Todo sucede en tu beneficio, *Querido Nuestro*, y sólo estamos esperando que decidas sumergirte en la luz de la alegría.

Capacidades psíquicas

Cuentas con capacidades psíquicas porque las necesitas para cumplir con tu misión sagrada. No todos perciben como tú las transmisiones psíquicas que bombardean a la humanidad. Muchos se esconden y corren para protegerse de estas transmisiones, entonces su desequilibrio se vuelve tan evidente que se ven obligados a hacer cambios en su vida. Para sobrellevar la tormenta provocada por una vida difícil, algunos deben desconectarse de esta facultad, por eso tienen una renuencia comprensible a reconciliarse con su lado psíquico. Este tema merece atención porque los que escuchan, lo harán pronto. Pero eso no depende de nosotros, a cada individuo le corresponde descubrirlo por sí mismo.

Una vez que alguien recibe una transmisión psíquica, su vida cambia completamente. No ven de la misma manera lo que los rodea y sienten que sus labores diarias son mundanas y no tienen sentido. Quieren crecer y compartir con más profundidad y crean caos en su ambiente, que alguna vez conoció el orden.

Por eso es esencial para aquellos que lo necesiten, que desarrollen su lado psíquico poco a poco. Si lo hacen rápido llevarán más estrés a su ya agobiada vida. Su capacidad para sobrellevarla reside en protegerse de algunas transmisiones psíquicas, sobre todo de su alma, la cual les ruega que se apoyen en medios mucho más sencillos. Luchan y avanzan, pero no ven las alternativas que tienen enfrente. Aun así, en este momento no comprenderían las verdades espirituales.

Una parte de ellos conoció el tema de la manifestación y quedó fascinada, pero al mismo tiempo permaneció en silencio y temerosa. Llegaron a la conclusión de que el asunto era falso y no les interesaba. Le dieron la espalda a los aspectos mágicos de la espiritualidad y se concentraron en lo concreto o en las reglas metódicas. En este sentido, sus mentes y vidas se volvieron disciplinadas y predecibles.

En su fervor por compartir entre sí los dones psíquicos, muchos de ustedes sienten vergüenza cuando analizan sus vidas con claridad. Es más fácil que te des la vuelta y nubles tu visión unos momentos más, que quedarte quieto y escuchar consejos y sugerencias. Sé cortés cuando esto suceda, y no obligues a las personas a que analicen su yo sagrado con ojos críticos. Es mejor que compartas tus dones psíquicos a través de la oración y no que obligues a un individuo a quitarse el velo si aún no está listo. Pues el miedo, que los paralizaría, no es adecuado en esta dimensión.

Tú, que fuiste bendecido con ojos abiertos, dirige una mirada de amor a tus desventurados hermanos y hermanas. Ve en ellos su verdad, aunque no la vean con sus ojos. Encamínalos hacia la Luz, sin obligar a sus ojos a que miren, sino siendo tú mismo un resplandeciente ejemplo de la verdad. Admira la belleza de todos y bebe del perfume del espíritu que los envuelve. Usa tus dones psíquicos para bañar al mundo con luz divina.

Tienes la capacidad de saber muchas cosas que las personas comunes y corrientes no entienden o, mejor dicho, no están dispuestas a explorar. Date tiempo para conocer tus fortalezas y no quieras deslumbrar a los demás con tus capacidades. Mejor usa este don como método para expandir el agradecimiento y la bondad. Los instrumentos utilizado con este objetivo provienen de la Luz.

Concepción de un hijo

La unión sagrada de dos almas, la cual da origen a una tercera que corresponde a la de un niño, es uno de los rituales más sagrados que existen en la Tierra. En un nivel más profundo, este proceso es consciente, todas las partes involucradas realizan su función perfectamente. No podría ser de otra manera en el plan perfecto de Dios. Sin embargo, puedes revelar este maravilloso proceso y traerlo al plano consciente para aumentar tu gozo y percepción.

La concepción consciente es similar a la percepción consciente de otras actividades sagradas como la manifestación, la sanación y los sueños lúcidos. No obstante, estar consciente de estos procesos implica un peligro inherente, el cual reside en la aparición del ego; en otras palabras, cuando tu ego se convierte en líder en los momentos sagrados, establece su poder, su fuerza y su realidad a lo largo del proceso.

El ego te insita a que obtengas logros, mientras que el alma sólo te pide que disfrutes el proceso. Cuando el ego interviene, hay una sensación de tensión, como si intentaras *hacer* que suceda algo. En este sentido, el objetivo del alma es la antítesis del ego, pues ésta simplemente disfruta del proceso; su intención no es glorificarse, como la del ego.

Éste es el motivo por el cual muchas parejas que ansían tener hijos nunca los conciben. Permiten que el estrés y la angustia se mezclen con el proceso sagrado de procrear, en lugar de dejarse llevar y disfrutar. En ninguna situación se aplica mejor el dicho: "Que sea lo que Dios quiera", que cuando se trata de la concepción de un hijo. Con profunda entrega, elimina las presiones que te impiden lograr tu meta de concebir un hijo. Con gratitud durante el momento de la copulación, apela al sentido superior del alma de tu futuro hijo.

El alma de tu hijo se niega a presentarse si siente que hay tensión en la mente de sus padres. Busca un momento de paz y alegría para que la óptima manifestación del embrión suceda en estas condiciones benéficas. ¿Por qué una criatura querría que su cuerpo fuera concebido en situaciones difíciles, si lo que busca es la mejor oportunidad para desarrollarse y crecer fuerte? Mejor espera a que la copulación se dé en un momento lleno de tierno amor. Sólo entonces el vientre de su madre está tibio y le atrae, y con gusto da el salto que lo lleva al proceso de concepción de su cuerpo.

Sólo un hijo involucrado en el drama del dolor y el sufrimiento desearía ser concebido cuando sus padres están estresados. Una criatura así tendrá muchas oportunidades a lo largo de la vida para detectar y sanar este patrón. No hay nada mejor que iniciar la vida con toda tranquilidad.

Cuando copulan con la intención de procrear un hijo, las parejas inteligentes se encargan de llenar sus corazones de alegría y gratitud. Confían en que su hijo sabrá decidir cuándo es el momento óptimo para ser engendrado. En lugar de forzar la situación, se entregan a los brazos del otro con gratitud en la perfección de cada instante. Envuelto por el afecto, el vientre vibra con amor y el futuro niño no puede resistirse a él. Si la atracción y la confianza están en su lugar, la concepción de una criatura es inevitable.

Contaminación

Damos gracias porque te interesa el asunto de la contaminación y porque pides nuestra opinión y consejos respecto al tema. A pesar de lo mucho que te entristece enfrentarte a la situación, sólo las acciones directas producen resultados palpables. La contaminación nos preocupa por los efectos que tiene en todos los cuerpos que habitan en la tierra, pues disminuye su energía y moral porque el smog y los residuos tóxicos provocan pesadez.

En este caso, Cielo y Tierra deben trabajar juntos para generar los cambios en la materia, para evitar saturar a la tierra con toxinas y contaminantes que perforan las defensas de tu cuerpo. Tú, que trabajas para la Luz, debes dar más luz física al planeta permitiendo que los rayos solares lleguen a él sin que se filtre el hollín que hay en el aire que respiras.

En algunas partes del universo, el oxígeno no es necesario porque la estructura de los cuerpos que las habitan es diferente a la tuya. Están conformados por materiales más ligeros, menos densos y apenas visibles al ojo humano. Sin embargo, tu cuerpo no puede adaptarse a ese ambiente puesto que los pulmones trabajan para abastecer al sistema cardiovascular con moléculas de oxígeno. Sin éste, tu luz seguiría brillando, pero sería muy tenue, y tu cuerpo no sería una herramienta de aprendizaje.

Así que nuestro deseo es eliminar la oscuridad ocasionada por el hollín de la atmósfera que cubre a este sagrado planeta, para que respires el aire fresco que Dios creó para ti. Este aire es un regalo tan dulce y suave que su primera bocanada te dejaría extasiado. No obstante, muchos olvidaron la agradable sensación de respirar oxígeno dulce y se han adaptado a un aire de menor calidad.

Tu planeta está contaminado porque los humanos tienen la intención de proveerse bienestar a través de medios densos y materiales. Gracias al énfasis que hoy se pone en la enseñanza, o reenseñanza, de las antiguas ciencias de manifestación, estos viejos medios en breve serán eliminados. Cuando eso ocurra, tu dependencia a las máquinas disminuirá y se aliviarán el suelo y la atmósfera. ¡Presenciarás una limpieza que jamás se ha visto en la Tierra!

Durante esta época de transición, con la continua dependencia a las máquinas y el incremento en el uso de las telecomunicaciones eléctricas, te aconsejamos que busques otro medio para la manifestación de un ambiente más limpio. Sabemos que muchos de ustedes usan productos menos dañinos en sus casas, ¡y te aseguramos que esas acciones no son mínimas! Tus intenciones están cargadas con una energía que inspira y alienta a quienes te rodean, así que eres el modelo a seguir en cuanto a cuidado del ambiente se refiere. No creas que tus esfuerzos pasan inadvertidos o son ignorados. *Querido Nuestro*, agradecemos profundamente tus contribuciones, y las acciones que realizas para cuidar tu planeta se consideran un acto muy importante de gran amor.

A ti, que intentas deshacerte de la dependencia a las máquinas y la electricidad, se te agradecen tus actos. A ti, que cambias de estilo de vida voluntariamente para ayudar a que los animales y las cosechas queden libres de químicos tóxicos, se te agradecen tus actos. A ti, que retiras la basura de los espacios naturales, se te agradecen tus actos. Tú, que adquieres productos para el hogar que son menos dañinos, se te agradecen tus actos.

Y juntos, conservaremos a la eterna naturaleza en su gloria original. No llenamos nuestros pensamientos dedicados al planeta con ira, nuestra visión no se nubla al ver sólo aire lleno de hollín. ¡No! Nos negamos a contemplar los errores, mejor buscamos la hermosa verdad de que el deseo del planeta de sanar es más fuerte que las consecuencias temporales de los errores ambientales. Entonces, trabaja con nosotros, los ángeles, para conservar esta idea elevada de un planeta limpio y sano. Visualiza que tu cuerpo está sano y limpio, y en breve descubrirás el enorme poder que tiene esa imagen.

Culpa

Cuando la culpa pesa en tu mente sagrada, el Cielo llora por tu errónea decisión de destronarte. ¿No sabes que la inocencia de los hijos sagrados de Dios es eterna? En el instante en el que eliges ver "maldad" en tu interior, da inicio un proceso cíclico. Primero, tu alma interna, a la que con frecuencia llamas "yo superior", se marchita porque cree que cometió un error, te provocó desagrado y desencadenó tu ira. Cuando tu alma se marchita, tu luz literalmente se reduce de tamaño, lo cual disminuye tu poder y eficacia en el mundo —no en la realidad, sino en la forma en la que te percibe el mundo. Aquellos cuyas mentes están regidas por el ego pueden atacarte, como un animal salvaje se lanza sobre los enfermos y los cansados.

La culpa es la peor sentencia porque da inquietud a tu cuerpo y lo pone en peligro. La culpa siempre espera una reprimenda y no descansa hasta que el castigo tiene lugar. El alma atacada por la culpa busca que el dolor mitigue y repare el error, lo cual provoca que la mente se vuelva negativa, con intenciones negativas. Tu mente espera ser castigada, entonces empiezas a buscar en el horizonte, con la esperanza de *encontrar* el castigo. Y de antemano sabes que vas a encontrar lo que buscas. Aunque también es cierto que tú creas y atraes lo que buscas. Una mente dominada por la culpa crea y atrae una situación negativa tras otra. El alma interna deduce que te mereces el dolor y continúa atrayendo más de manera infinita.

Entonces, ¿ves el inherente y profundo peligro al que te expones si te aferras a la culpa? En realidad, no has cometido error alguno y por supuesto no mereces ningún tipo de castigo. No existen equivocaciones terrenales que el eterno trabajo de Dios no pueda enmendar. Te creó como un ser perfecto y tú no tienes el poder para volverte imperfecto, ¡no importa cuánto te esfuerces!

Los errores que cometes en la Tierra pueden ser terribles y causar mucho dolor, pero Dios sigue considerando que estás libre de culpa. Ante sus ojos, tú y tus hermanos son los seres más hermosos del universo. A Dios y a los ángeles no les importan las equivocaciones en las que incurras en la Tierra, sólo ven en tu interior la llama eterna de amor divino. Sabemos que ésta es la única ventaja que te ayudará. Como nada más nos interesa el Dios que habita en tu interior, aumentamos el tamaño y brillo de tu luz. Esta luz, de mayor tamaño, que está en tu alma interna, es el único remedio para tus errores, *Querido Nuestro*. Sólo una luz más grande te guiará para que te alejes de las situaciones negativas. Únicamente si amas esa luz que Dios colocó en tu interior, se convertirá en la linterna que ilumina el sendero que te conduce a la felicidad.

Di a ti mismo: "Soy amor. Soy amor y luz". Visualízalo y entiéndelo como verdad. Y siempre que sientas la tentación de buscar dolor o castigo, recuerda nuestras palabras.

Ejercicio

*M*uchas veces tratamos de animarte para que cuides mejor tu cuerpo físico, y con mucha frecuencia nuestros esfuerzos se ven frustrados. Andas por aquí y por allá de tal manera que te aseguras de que tu cuerpo permanezca estático y sin tonificarse. El ejercicio palidece ante la intensidad con la que te resistes a practicarlo. Podríamos motivarte mil veces más y ser arrasados por tu decisión de esperar, esperar y esperar.

No esperes más, Criatura Sagrada, pues se te asignó un cuerpo con la intención de que funja como instrumento y lo utilices para estar al sagrado servicio de la Luz resplandeciente. Tu alegría pertenece a una dimensión más elevada, y esta herramienta terrenal llamada "cuerpo" debe recibir mantenimiento si quieres cumplir la misión. Ignorar este instrumento es dejarlo sin oxígeno ni movimiento, ambos esenciales para su nutrición.

El cuerpo se engendró con movimiento, se creó a través de dicho proceso durante la copulación de tus padres terrenales. Se movió en el interior del vientre de tu madre, y ansía moverse a lo largo de su vida; sin embargo, tu alma superficial controla la cantidad y duración del movimiento del cuerpo, restringe los movimientos corporales con sus órdenes internas, lo que ocasiona que el cuerpo sufra y se marchite.

El movimiento es el alimento del cuerpo, *Querido Nuestro*. Este mensaje es eterno, pero es esencial en este momento. No importa qué curso o forma tome el movimiento, lo que tu cuerpo requiere es moverse por el placer de hacerlo.

Así que cualquier excusa es buena para moverse. Sube las escaleras, da un paseo o marcha en tu lugar. El movimiento es indispensable para el progreso de la Luz, que cubre a toda la conciencia humana.

Estrés

En donde quiera que haya estrés, también habrá la sensación de que se es víctima de algo. La esencia del estrés es la furia generada por ser forzado a hacer algo que no quieres. La tensión es estimulada por un resentimiento subyacente hacia autoridades erróneamente percibidas, y decimos erróneamente percibidas porque nadie tiene autoridad sobre ti. Nadie puede obligarte, más que tu propio yo poderoso. El estrés es autoimpuesto, pues por voluntad propia eliges las situaciones que te provocan tensión. No hay excepciones, en todos los casos cuentas con la opción de alejarte de la situación estresante. Aunque es cierto que esa decisión tiene ciertas consecuencias, también es verdad que eres libre de hacer tus elecciones.

Querido Nuestro, la verdad del estrés es que tú optas por el dolor cuando te da miedo ahondar en tu sagrada misión de la vida. El dolor es un impostor del tiempo, cubre los huecos que hay en tu programa y que te duele enfrentar para cumplir con el objetivo de tu vida. Cuando no estás seguro de ti, de tus capacidades, de tus fortalezas ni de tus dones, te eludes con el dolor. El estrés es lo que más te ataca porque ese dolor es optativo, aceptable y reforzado por la sociedad.

No sientas vergüenza, pues ésta es considerada el sentimiento estresante más doloroso que puedes tener. Es hiriente y prohibitivo, evita que sientas tu poder divino. El estrés-vergüenza apaga tu luz y te ciega para que no veas al Dios que habita en tu ser. Por eso te sientes incapaz de contribuir con el mundo.

Cuando sientas estrés, llámanos a nosotros, los ángeles, y permítenos abrir las puertas de la prisión que tú mismo creaste y en la que te encerraste. Deja que bajemos tus defensas, tu sensación de falta de valía. Permite que soplemos las llamas de luz divina para que puedas salir a cumplir con tu misión sin dudas, sin retrasos y sin ataduras.

El estrés no es tu prisionero, sino tú mismo. Ya no te encierres porque eres un Hijo Sagrado del Poder. Naciste para usar ese poder en el mundo y vivirlo como la fuerza cambiadora de vida que da enorme alegría a muchos. Estás hecho para avanzar a pasos grandes y aplastantes, pero con aliento suave y sutil. No puedes detener el movimiento del hijo de Dios con la ilusión del encierro, así como no puedes evitar que brille el sol. Avanza hacia fuera y al mismo tiempo entréganos tus temores o dudas a nosotros, los ángeles. Entonces, no necesitarás que el escudo del estrés te "proteja" de los peligros que pudieras encontrar al cumplir con tu misión. Sólo al ego le da miedo que esa misión te lastime, y ofrece protegerse de ese "daño" con distracciones.

No importa que no estés seguro de la dirección o del resultado al que te llevará esta misión. No importa que no tengas garantía explícita de éxito más que las indicaciones incesantes de tu alma. Ésta sabe que para descubrir su felicidad natural hay que expandirla hacia fuera, como un manantial burbujea hacia la superficie el precioso regalo del agua. Si fluyes hacia delante, evitas situaciones que te disuadirían o retrasarían. Tienes esa opción y cuentas con la capacidad de elegir ahora.

Queremos recordarte que siempre has sido capaz de enfrentar cada situación que se te ha presentado. Ésta es una verdad que aplica igual a tu pasado que a tu futuro. El peligro no acecha en una esquina, listo para abalanzarse sobre ti. No obstante, el temor de controlar tu futuro contribuye en gran medida a estresarte, ¿verdad? Confía en que siempre estarás listo para enfrentar lo que venga. De ninguna manera perecerás, ni serás abandonado ni morirás de hambre, en tu sendero encontrarás lo que necesitas. Claro, tendrás tu parte de responsabilidad en esta alineación.

Pero permítenos reafirmarte que no te enfrentarás a algo que no puedas soportar. Siempre te tomaremos de la mano con firmeza y te guiaremos. ¿Por qué no habríamos de ayudarte a atravesar tus muchos caminos? Somos tus ángeles y te amamos.

Gratitud

La gratitud es la clave para tener una vida coherente. Cuando te enfocas hacia la gratitud, ya no te enfrentas a subidas y bajadas. Pero permítenos aclarar el término porque con frecuencia es mal entendido. Es común confundir gratitud con humildad, en la que das las gracias por tus víveres de rodillas. Claro, la gratitud se convierte en eso de vez en cuando, pero la manera más segura de que llegues al sendero de la existencia armoniosa es a través de la gratitud que viene del corazón.

Lo que queremos decir es esto: Además de mostrar gratitud con los demás, muéstrate gratitud a ti mismo. Tu corazón brilla con fuerza y amor si lo alabas por el simple hecho de existir. Elogia tu brillo interior para que sus brasas ardan con más fuerza. Dale las gracias a tu alma interna, a la que prefieres llamar "yo superior", por proveerte de alivio y consuelo. Dale gracias al Dios que habita en tu interior para que puedas expresar este amor hacia el exterior en un gran círculo de alegría.

¿Entiendes la diferencia de esta gratitud que viene del corazón? Por ejemplo, agradeces lo que has recibido externamente, pero eso no es más que una manifestación de tu brillo interno. Dios es parte de tu fuego interno. Sabes que Él creó, y sigue alimentando, esta llama original. Tu luz nunca se extingue, como te lo recordamos continuamente. Tu tarea es asegurarte de que brille cada vez con más intensidad, para que todos la vean.

Cuando envías gratitud a tu luz interna, tus elogios avivan sus llamas. Acoge tu gratitud porque ésta la hace crecer en tamaño e intensidad. Si tu luz aumenta de tamaño, tus manifestaciones externas también crecen. ¡Te aseguramos que este proceso hará que tengas más cosas por qué sentirte agradecido!

Querido hijo, no es un tipo de elogio ni gratitud egoístas. Recuerda que la fuente de donde proviene la luz de tu alma es Dios, y es a Él a quien alabas. Nunca olvides que la Luz Divina de Dios arde en tu interior ahora y siempre. Y si llenas de elogios a esta Luz, es como si llenaras tu espacio interior con el brillo de miles de velas.

Presta mucha atención a las manifestaciones externas cuando realices este proceso. La primera será alegría, seguida de una sensación de seguridad y paz. ¡Estamos seguros de que las reconoces como bienes invaluables! Entonces, conforme sigas bendiciendo tu corazón, tu estilo de vida cambiará. Quizá descubras un tesoro de emociones demasiado fuertes para que las experimentes. Cuando ocurra esto, refúgiate en sitios tranquilos, llenos de paz, con tus seres queridos o con nosotros, los ángeles. Percibirás nuestra fuerte compasión y descubrirás nuevas e interesantes situaciones. Recibirás muchas oportunidades y bienes que te harán más fácil el camino.

Tu luz interna también tiene otro beneficio, porque puede deshacerse de la basura que te dejan las experiencias. Si las manifestaciones externas contrarrestan tu alegría, imagina que los errores, el dolor o los problemas se queman en el incinerador de tu poderosa llama. Dios te regala ese poderoso corazón para que te guíe en el sendero terrenal, para que se manifieste por ti y para quitarte los obstáculos del camino.

Libertad

Lo que en este momento vemos a tu alrededor es que está pagándose un alto costo por la libertad. Una buena parte del tiempo renuncias a la libertad y después ansías tenerla. En ese punto, harás y pagarás lo que sea para recuperarla. Renegocia tu nueva definición de libertad contigo mismo.

En muchos sentido, te acorralas en una esquina porque coleccionas deudas provocadas por la colección de objetos que crees que te darán la libertad. ¿No ves la ironía de esta situación? Cuando compras cosas o experiencias para deshacerte de la sensación de esclavitud, te creas una barrera. ¡Huye de las barreras que te encierran, *Querido Nuestro*! No necesitas estar atrapado ni controlado, pues tu voluntad tiene la misma libertad errante que tu Creador y no puede ser contenida.

Tus restricciones vienen primero de la creencia de que debes trabajar para ser libre. ¿No ves la ironía? ¡El trabajo genera la esclavitud de la que quieres escapar! Piensa con cuidado antes de firmar cualquier tipo de contrato laboral. Nos damos cuenta que muchos de ustedes cambian su valioso tiempo por un salario mísero con el que apenas pueden subsistir. Muchos de ustedes, también, se convierten en sus captores a través del autoservilismo en lo que denominan "trabajo por cuenta propia".

¿No te das cuenta de que la sencilla respuesta espera justo debajo de la superficie? Se llama "autoemancipación", cuya intención es darte dosis sanas de libertad a través del proceso de simplificación, haz una reducción en tus gastos y reduce la cantidad de deudas.

Cuando adquieres deudas, te endeudas con el futuro, el cual te relega a la sombra de la esclavitud. Éste es el ciclo del que hablamos: Aceptas un empleo que te genera cólera o ira, compras artículos que no están a tu alcance para ayudarte a lidiar con la situación, y entonces debes seguir en este sendero para cumplir con tus responsabilidades financieras. Es el camino al sufrimiento absoluto y a las preocupaciones sin sentido que te hacen perder el tiempo. ¿No ves que te esperan cosas mucho mejores?

Puedes volar libre como los pájaros, sin ataduras ni restricciones de tiempo, ¡y puedes hacerlo en este preciso instante! Los únicos límites están en tus creencias, que impiden que te liberes del cautiverio que tú mismo te impusiste.

Analiza por un momento lo que pesa en tu alma: situaciones, relaciones, obligaciones, etcétera. Después, imagina cómo sería un escenario diferente, ¿qué sentirías si te liberaras del encierro? No pienses en *cómo* sucedería, nada más disfruta la libertad mental o emocional. No cuestiones, ni dudes, ni te preocupes por esta idea, simplemente albérgala en el estómago y en el corazón, e imagina que así es. Aún no des a conocer a todos tu conquista, sólo resérvala para ti. Y cuando vaya haciéndose realidad en el plano material, busca la forma de no mezclar tu nueva libertad con más esclavitud.

Tú tienes la llave de tus prisiones, sólo imagina que la puerta de la celda se abre de par en par. ¿Puedes permitirte imaginar esta libertad, *Querido Nuestro*? Oramos para que así sea, pues cuando abres las puertas de tu prisión, también permites que los demás emprendan la huida que tanto desean.

Llama gemela

En tu mundo, hay una creciente atención hacia el amor, por lo cual no es de sorprender que también exista la correspondiente curiosidad respecto a las formas que el amor toma en las relaciones humanas. El "premio" principal del amor es el santo grial del amor de las almas gemelas, lo que conoces como "llama gemela".

La búsqueda del gemelo es muy antigua. Es el deseo de validar que la persona que eres es digna de ser amada. Si encontraras a alguien que fuera tu reflejo fiel y se amaran mutuamente, saciarías los temores cuyo origen reside en el ego. Tu ego te acosa con dudas sobre tu valor propio y con la idea de que la llama gemela te brinda la esperanza de que eres digno de recibir amor.

Primero que nada, déjanos aclararte que con o sin alma gemela, con o sin llama gemela cerca de ti, ¡eres digno de ser amado! Tú, que eres el máximo ejemplo de amor en el universo, estás cobijado por las alas del amor. Eres apreciado y deseado por todo lo que es sagrado y son tus hermanos sagrados los que hablan, con una voz apenas distinguible en el viento, de tu existencia reflejada. Pues como verás, todos los seres, como tales, son tus gemelos, tus hermanos, tus hermanas, tus llamas.

Lo que buscas es una llama especial, y nuestra intención no es burlarnos ni exagerar esta idea. Estamos aquí para alentar el amor, no para disuadirte. Tú estás aquí, por principio de cuentas, para experimentar el amor en todas sus maravillosas formas. Y el dulce beso del amor inflama tu corazón como ninguna otra cosa. Somos tus admiradores, y podemos llevarte hacia la relación que tanto anhelas.

El concepto de llama gemela se creó hace mucho. El grupo donde se originó tu alma antes de viajar a la Tierra tiene muchos integrantes y todos conforman tu familia de origen, aunque la verdad es que *todos* los que existen son parte de ti. Sin embargo, se forjaron lazos íntimos dentro de tu grupo de almas en el Cielo. Y así como las experiencias le dan forma a tu personalidad y destino mientras estás aquí, las experiencias también crean puntos de vista similares dentro de los grupos en general. Un ejemplo claro es el de dos niños que comparten la casa y tienen las mismas experiencias, esto hace que coincidan en ciertas opiniones.

El mismo principio aplica a los grupos de almas que hay en el Cielo. Una llama gemela es el equivalente a lo que en la Tierra sería un mejor amigo, y es alguien que se parece tanto a ti en su forma de pensar y actuar, que te enamoras de tu "yo" a través de sus ojos. Es un ser que ha compartido fuertes experiencias contigo, algunas en esta vida, otras en el pasado. A veces, se consideran uno a otro "guía espiritual". Estas relaciones los llevaron hacia los mismos caminos gracias a las experiencias compartidas en el Cielo y en la Tierra. Por eso es muy común que las llamas gemelas, si se encuentran en la edad adulta, tengan historias increíblemente parecidas.

¿Te encontrarás con tu llama gemela en esta vida? La pregunta surge de tu verdadero deseo subyacente de sentirte totalmente amado. Y volvemos a recordarte que debes iniciar la búsqueda con la copa llena y no con ansias de ser amado. El temor y la desesperación acompañan a quien se siente vacío y ese miedo no atrae el amor que buscas. Oración, meditación, estiramiento con yoga, comunión con almas similares, respuestas en la tranquila naturaleza... todos son medios que te conducen hacia lo que buscas: la realización del amor.

Una vez que el deseo por este amor sea saciado de la manera adecuada, a través de la comprensión interna del inmenso amor de Dios que hay dentro de ti, descubrirás los reflejos de este amor en tus vivencias terrenales. Tendrás amor, tantísimo amor, que parecerá que el Cielo ha vaciado sobre ti inmensas cubetas llenas de amor extraído de un pozo que nunca se vacía. Tus amigos te sonreirán y se reirán contigo, jamás volverás a sentirte solo, ni que no te quieren.

En este preciso momento *hay* mucho amor en tu interior. Cuando descubres este tesoro escondido quedas tan satisfecho, que tu luz brilla en todo lo ancho y alto del cosmos. Los milagros suceden a aquellos que aman completamente, y si aceptas el amor a través de una relación humana, por supuesto que te pertenece.

Lugares

poderosos

Tú llamas "vórtices" o "sitios con poder" a esos lugares geográficos del planeta donde se dice que hay intensas energías espirituales. Es verdad que en esas locaciones hay restos de huellas energéticas de quienes las habitaron. Esos sitios especiales son la prueba de que ahí se realizaron ceremonias con la firme intención de hacer sanaciones. Oraciones, rituales, cantos y celebraciones limpiaron el área que estaba debajo de los pies de los participantes, para que una mayor cantidad de energía se mezclara con la tierra.

En estos sitios está la memoria de sus antiguos habitantes y sus rituales sagrados. Este efecto era bien conocido y se utilizó para localizar los lugares donde se realizaron ceremonias. En algunos casos, no se percibía la energía del espacio sagrado y la ceremonia se repetía por comodidad, lógica y costumbre. Los ecos de estos rituales reverberan desde la superficie hasta los espacios más recónditos de cada lugar, y sólo los trabajadores de la luz más sensibles que habitan entre ustedes perciben esas reverberaciones. Tú conoces estos sitios como "lugares poderosos".

Sí, es verdad que tienes acceso a las oraciones impregnadas en esos espacios. Si te acuestas en el suelo donde se realizaron las oraciones para las ceremonias, sentirás sus efectos sanadores con más intensidad. Entonces, permite que las oraciones se filtren por tu cuerpo, como si éste quedara cubierto por rayos X dadores de vida. Antes de que te vayas del lugar, es esencial que lo retribuyas enviando oraciones al suelo. Termina la visita cubriéndolo con tus pensamientos divinos y energía de amor.

Madre

*L*a relación con tu madre se construye sobre la espina dorsal del Divino. Es esencial lograr una comprensión más profunda de esta relación, ya que de ella depende que otras relaciones prosperen o se vengan abajo. En la vida humana existen jerarquías en las relaciones, y la base principal de muchas otras relaciones se encuentra en la categoría de los padres. Es probable que el mayor impacto corresponda al rango de la "maternidad", lo cual quizá no te sorprenda.

La relación con tu madre es de las más importantes porque tiene línea directa a tu ego o a tu alma interna (a la que llamas "yo superior"). Con tu madre puedes llegar a tocar la cumbre más alta o el más profundo de los fondos. A lo largo de estas vertiginosas subidas y bajadas, siempre tienes la opción de elegir la dirección a la que deseas dirigirte con tu madre. La decisión depende en gran medida de tus expectativas. Pues las expectativas de "cómo" es una relación y "cómo" se comporta una persona en tu vida, son el mecanismo de navegación que determina tu próximo encuentro.

Entonces, la idea fija de que tu madre es de cierta manera casi siempre conduce a una situación que confirma tu decisión. Por lo tanto, tienes la capacidad de cambiar a voluntad la dirección de tu relación con ella. ¡Tú, que tienes el poder de mover montañas, puedes lograr este milagro!

La imagen de tu madre está grabada en lo más profundo de tu ser. La opinión que tienes de ella en gran medida es la base para crearte la imagen que tienes de muchas personas más, incluyéndote a ti, tu descendencia y las subsiguientes relaciones sentimentales, como amigos, parejas, etcétera.

Cuando ves a tu madre con amor, entonces el impacto es estupendo y tiene gran alcance. Pero si te cuesta mucho trabajo verla con más amor, es aquí donde los ángeles podemos ayudarte. Llevamos tus palabras de amor y las entregamos en el corazón de ella para que sienta con intensidad el impacto de tus pensamientos de amor. *Querido Nuestro*, la decisión es tuya, pero te aseguramos que vale la pena tomarla porque te beneficia a ti y a muchas personas más.

Manifestación

Manifestar significa "invertir" o "almacenar". El término se aplica correctamente en estas dos definiciones, pues la manifestación se origina ahí donde inviertes o almacenas tu concentración e intención. Vemos que mucha gente investiga el tema de la manifestación en un libro o en un curso, aunque el principio está a la vista de todos. Te diriges hacia aquello en lo que pones la mirada, con intenciones claras. Es lo que atraes a tu vida. Este principio no puede ser forzado porque la presión proviene de la ansiedad que mina tus esfuerzos. Mejor cálmate, de esa manera tu deseo llegará a ti rápidamente.

Muchos se preguntan: "¿Y si no es la voluntad de Dios?", y nosotros te respondemos: "¿Haces esta pregunta suponiendo que Dios es parte de lo que pides?" No hay más voluntad que la de Dios. Sí, el ego te lleva a los objetivos, pero siempre los corregirás porque la intención primordial es buscar la alegría. Las intenciones del ego no conducen a la alegría, pero las intenciones de Dios siempre provienen de la felicidad.

Así que la voluntad de Dios, que siempre habita en tu interior, es que te encamines hacia la alegría recordándote que ya estás inmerso en ella. Alcanzas el placer que buscas en el momento en que te permites disfrutar del regalo que se te dio. Organizas tu tiempo buscando manifestaciones externas de esta felicidad interna. No existen manifestaciones "equivocadas", sino intenciones que te sumergen en la alegría o intenciones que te alejan de ella. El "objeto" de tu intención no puede estar equivocado ni lejos de la voluntad de Dios porque Él, y su voluntad, sólo conocen la alegría.

Puedes disfrutar de la alegría en tu corazón, sin interrupción. Esta intención es digna de tu devoción. No importa que la intención sea material o situacional, créalas con el deseo de alcanzar la felicidad. Entiende que no experimentas la alegría en el futuro, dependiendo de tu intención material o situacional, sino que ella te acompaña en este momento, y permanece contigo cuando manifiestas tus demás deseos. El poder de esta alegría no puede exagerarse, ilumina el sendero del proceso de tu manifestación. Es el acceso a la guía sabia que estás buscando.

Revela la alegría ahora con esta intención: "Mi mente y mi corazón están llenos de alegría. Soy un reflejo poderoso de la felicidad de Dios". Entrena tu mente con este deseo y siente cómo la alegría palpita en todo tu ser. No le tengas miedo a la felicidad aunque la consideres algo desconocido. Es un ángel que envuelve con sus alas tu corazón. La alegría te mantiene fuerte y te da acceso a la sabiduría creativa. Sus propiedades mágicas no tienen efectos secundarios negativos, sólo cuentan con la capacidad de colocarte en el suave sendero de la felicidad constante. Puedes alcanzar la alegría, no importa cuáles sean las circunstancias externas. Y cuando la encuentres, consérvala cerca de tu corazón y mira cómo desparecen las situaciones negativas que estaban a tu alrededor.

Busca en tu interior esta verdad y abrázala sin más demora. Siente la esencia de lo que hablamos, *Querido Nuestro*. Bebe el néctar que te ofrece tu corazón: la alegría que deseas, que mereces, que te pertenece, que te representa. Eso pedimos para ti, Querido.

Matrimonio

*M*atrimonio es la declaración de que una pareja quiere llevar su relación a un nivel superior, remontar el vuelo con los ángeles romántica, emocional, física y espiritualmente. En ese sentido, es símbolo del deseo de unirse celestialmente con amor. Representa el deseo de unidad, de fundirse con el Divino. El matrimonio pide la intervención de Dios para crear un oasis de paz en medio del caos del mundo externo.

Muchas esperanzas y sueños están puestos en el matrimonio, que a veces se tambalea por el insoportable peso de las expectativas no cumplidas. Aunque también es cierto que dentro del refugio seguro del matrimonio, ambos miembros alcanzan nuevos niveles de felicidad espiritual sin precedentes que no lograrían en circunstancias normales.

Tú, que deseas unirte en matrimonio, por favor recuerda que siempre llevas en tu interior el amor de Dios. Tú, que portas la antorcha para un compañero marital, deseas que la luz del otro se funda con la tuya. Tu ansia de matrimonio va más allá de la simple relación, tu intención es que las brasas de tu llama divina crezcan más altas, más grandes y más brillantes. A través del matrimonio, las llamas de ambos se unen para crear una más grande y más brillante.

Pero primero vive esta experiencia solo. Haz que tu llama inmortal crezca más alta, más grande y más brillante para expandir tu conocimiento de amor divino. Así lograrás que tu luz atraiga una pareja digna de tu herencia divina. Y entonces, cuando fundan sus luces con el matrimonio, lo harán llenos de alegría y no por una necesidad vacía. Se entregarán sus luces mutuamente como si fueran una dote sagrada, elevándolas al cielo para que su luz brille desde ahí hacia todo lo ancho y largo de la tierra.

Y tú, que ya vives en matrimonio, recuerda estas palabras: el novio y la novia portan una antorcha en su interior cuya intención es satisfacer esta verdad. La fundición de su luz, y por lo tanto la alimentación de la luz de ambos, es esencial para la inviolabilidad del vínculo matrimonial. Siempre busca la luz divina y sagrada de tu pareja, y llévala a la tuya, pues si enciendes y procuras la antorcha interna de tu pareja, refuerzas la propia, naturalmente. Tú y tu cónyuge vuelan hacia el Cielo en busca de sus llamas sagradas. La convivencia se vuelve pesada e insoportable cuando no haces esta tarea y olvidas procurar tu interior. Un matrimonio eternamente feliz se construye con base en esta labor de conservación de la llama a través de cultivar la alegría del espíritu de la pareja. Busca con frecuencia oportunidades para realizar este intercambio, el cual puede ser de palabras, de acciones conjuntas que les provoquen alegría a ambos, o de empatar sus misiones para mejorar el mundo.

Música

*L*á música es esencial para tu trabajo espiritual en este momento. Recurre a ella en la medida de lo posible para elevar tu frecuencia, ya que la música te baña de una luz brillante que desvía la negatividad. Esta negatividad que viaja en el aire y que puede albergarse en tu conciencia sin que te des cuenta, podría crear confusión porque desconoces su origen. La música te protege de estos patrones que flotan libres y crea más oportunidades para que puedas estar en paz.

Las opciones que tienes para elegir música son ilimitadas, siempre y cuando la escuches a lo largo del día y del atardecer. Entre más te permitas escuchar música, mayores serán los beneficios, exponencialmente.

Algunos de ustedes tienen la capacidad de distinguir el color de las bandas que viajan con las ondas sonoras de la música. Igual al efecto del arco iris que se crea cuando hay mucha humedad, la música lleva información codificada en los colores visibles. Tú, que viajas con una frecuencia visual alta, debes aprender a transmitir esta información a los demás. Tú, que ves los colores que emiten los instrumentos musicales y las bocinas, aprende a confiar en la importancia de estas imágenes.

Los colores son emanaciones de la estructura molecular de los sonidos musicales. Concentran ligeras ondas y hacen que se alejen menos moléculas de ti a través del proceso de deflexión que ya te describimos. Cuando hay música a tu alrededor, es como si te envolvieras en una manta de estos diversos colores. Las moléculas musicales interactúan con la frecuencia de la energía que emana de tu cuerpo, en una danza con los tonos que según tú llamas "aura". Estas chispas eléctricas son similares a los colores brillantes que muchos de ustedes ven y a los que les han dado el nombre de "luces de ángeles" o "marcas de ángeles".

Existen colores con una frecuencia vibratoria más alta que otros, lo que tú llamarías "tonos fríos". Elige la música según tu estado de ánimo, esto con el objetivo de cubrirte con los colores que combinen contigo. La música más viva se asocia con los colores cálidos, rojo, anaranjado y amarillo; mientras que la música más tranquila, no es de sorprender, tiene una fuerte relación con el violeta, el índigo y el verde. Usa la música para aliviar y elevar tus emociones, pues produce fuertes efectos.

En los momentos en que desees tener contacto con tu interior a un paso más rápido y profundo, la música debe ser diferente a la que eliges cuando quieres tener menos movimiento. Nosotros, que conocemos los efectos que la música produce en tu energía y en los colores que te envuelven, podemos ayudarte a escogerla con conciencia. Sólo llámanos y te guiaremos sin dudas, sin interferencia y sin control, pero siempre con el amor que envuelve nuestras motivaciones.

Oración

*L*a oración es una meditación interna, esencial para escaparte del miedo. Permite que ella te acerque a la Luz de Dios, en el momento que lo necesites. No quieras controlar la oración, pues ésta fluye tan libre como cualquier conversación de gran importancia. Participa en tu oración y acepta las ideas o sensaciones que te acompañen a cada instante. En un momento te sentirás emocionado y al otro estarás triste o arrepentido. Entonces, pedirás la ayuda del Cielo, a lo que seguirá un momento de reverencia en silencio. Cada minuto dedicado a la oración es como un peso depositado en tu cuenta bancaria. Nosotros no intervenimos, dejamos que cada oración viaje con el viento, pues te pertenece con todos los intereses y beneficios que devengas todos los días. Acumula tus oraciones y acepta su ayuda, cada una es un ángel que te asiste.

Nuestra intención no es ayudarte a orar, sino animarte para que lo hagas. Cada mañana es un buen momento para empezar con tus oraciones. Lo ideal sería que, antes de levantarte, inicies una conversación con tu Creador. De esta manera, mientras tu cabeza descansa en la almohada y tus ojos aún están adormilados, despiertas escuchando la voz de tu Amado Creador. ¡Qué manera celestial de iniciar el día! ¡Y el poder de tan positivo comienzo dará origen a muchos días de felicidad y milagros!

Entonces, a lo largo del día, internamente ponte en contacto con nosotros a través de la oración y la meditación. Este contacto sagrado con lo divino te refresca y revitaliza de inmediato si sientes que no tienes fuerzas. Entréganos tus preocupaciones y deja que nos las llevemos, como el conserje se lleva tu basura. No hay angustia que no puedas confiar a nuestros dulces oídos, siempre dispuestos a escuchar, *Querido Nuestro.* ¡Entrégalas todas!

Oración simplemente significa "reconexión", y la reconexión con lo divino es el camino hacia la inspiración y vitalidad infinitas. Para algunos, la oración tiene que ver con reglas y obligaciones; pero incluso la oración obligatoria es muy poderosa, y le otorgan más beneficios a aquellos que ya brillan. Como ves, orar es como detenerte en una gasolinera para llenarte de combustible, aceite y satisfacer otras necesidades. Puedes orar en cualquier momento del día con tan sólo tener en mente la intención de llamar a casa, al Cielo. Piensa que te gustaría contar con la amorosa ayuda de Dios, y así será. No olvides que siempre estamos ahí para ayudarte y que tus oraciones nunca son ignoradas.

Padre

*M*uchos de ustedes tienen una mala relación con su padre físico, producto de la mala relación que tienen con su propio lado masculino. Verás, a pesar del código genético de tu cuerpo, tu masculinidad es parte de la condición humana, igual que tu feminidad. En este momento de la historia de la humanidad, la feminidad está surgiendo, logrando así que se reconozca su presencia. Pero corres el riesgo de provocar un desequilibrio si permites que tu parte femenina rebase a la masculina, pues ninguna es superior y ambas son necesarias para que exista balance y las cosas lleguen a buen término.

La educación de tu padre físico fue muy difícil a causa de la actual época de transición, en la que el humano dejó de honrar al macho y lo desdeñó en muchos sentidos. Esta transición aterrorizó a tu padre, quien no tenía manera de predecir o comprender el caos de la civilización humana. Lo único que le quedaba claro era que su masculinidad era rechazada y considerada inaceptable; sin embargo, ésta conservó gran parte de su identidad. Sin ningún recurso a cual recurrir, tu padre se refugió en su ser y lo convirtió en odio a sí mismo, pues estaba abatido y tenía roto el corazón.

Se alejó de ti y de tus hermanos con la intención de protegerlos de él. Sentía que no tenía valor, pero continuó con la farsa de proveer el sustento para su familia, aunque seguía sintiéndose inapreciado. No tenía la menor idea de cuánto valía, como hijo sagrado de Dios y como protector de la familia en muchos sentidos. A ti, hijo mío, tu padre te hizo sufrir porque carecía de conciencia. No sabía qué es el amor y por lo tanto no lo demostraba. No obstante, reorganizaste tu vida con la intención valiente de mostrar tu superioridad para que tu padre se sintiera orgulloso de ti. Pero siempre retrocedes ante la verdad que más temes: que tu padre no te ame y no te procure como esperas.

Así que buscas su aprobación de muchas maneras, para al final terminar agotado y harto por el esfuerzo, y no lograr el objetivo. ¿Ya dejarás de intentar atrapar lo que no puede capturarse, *Querido Nuestro*? ¿Ahora entiendes que tu padre te aprecia en la medida de sus posibilidades, pero que es incapaz de expresarlo con palabras? Esto se debe a la transición de la sociedad en la que se devaluó al hombre, *Querido Nuestro*. Dicho agravio a la autoestima masculina hizo que creyera que no ocupa un sitio seguro en tu vida, que no tiene un impacto con valor. Así que mejor le relegó el cuidado de los hijos a tu madre, quien tampoco está segura del lugar que tiene en tu vida. Tú, que estás en busca de una base sólida de aprobación, cariño y amor, supones que cometiste un error, de lo contrario tendrías el amor y la aprobación constantes de tus padres. Te preguntas: *¿Qué hice mal para que se alejaran de mí?*

Amado Hijo de Dios, no hiciste algo malo, y te aseguramos que eres digno de recibir amor entonces, ahora y siempre. Perdona a tu padre. Perdónate a ti mismo. Dirígete a la eternidad con el corazón lleno de alegría, con la certeza de que tus verdaderos Padre y Madre Celestiales te amarán y consolarán siempre.

Perdón

El perdón pone fin al sufrimiento provocado por el rencor que sentimos hacia nosotros o los demás. Permite que salga el aire del globo que guarda tu aliento, que está lleno de ira. Cuando decides que sucedió algo erróneo, no importa quién lo haya hecho, colocas la situación en una cárcel y la mantienes cautiva en tu conciencia. La percepción que tienes del "mal" y que albergas en tu interior es como si te tragaras un virus extraño que después ataca a tu yo físico. Una vez que localizas el mal y lo guardas en la conciencia, es imposible que no tenga un impacto negativo en ti.

El perdón expulsa a estos inquilinos indeseables de tu sistema, liberándote para que sanes en muchas dimensiones. Cuando hablamos de perdón, vemos que algunos esfuerzos no logran alcanzar la meta. Perdonar sin dejar de emitir juicios no es perdonar. Liberarse es dejar de juzgar por completo los malos actos. Entrégale la situación a Dios y a los ángeles, y quédate con la certeza de que nosotros guiaremos la situación, y a los involucrados, a donde debe ser. Entonces, ya no tendrás que ser el captor o el juez de la gente o de la situación, sin importar si son los "perpetradores" o las "víctimas".

Tienes el poder de sanar, un poder tan hermoso que si posas los ojos en él, caerás de rodillas sobrecogido por el espléndido regalo que te dio el Creador. La voluntad de utilizar el poder en nombre de la sanación, es el principal incentivo para que permitas que reine el perdón. No perdones porque sí, sino porque *puedes*. No perdones para ganar o perder algo, sino porque *puedes*. Tu poder es tan maravilloso, que tienes la capacidad para perdonar todo... y por todo.

Perdónate, Querido Hijo de Dios, por la dureza con la que juzgas tu realidad. Seleccionaste ejemplos de tu vida y los juzgaste fuerte con malicia. Pero ¿es una manera sanarte a ti o a los demás? ¿Esa autocrítica alejó a tu conciencia de la Luz? Pues la única crítica que te mereces es ésta: En cada situación pregúntate si cada pensamiento, cada palabra y cada acción provoca una mayor o menor conciencia de amor.

Reencarnación

¿Existe un proceso de renacimiento en el que el alma del niño venga de otra parte del universo para reunirse con ciertos individuos que ya conocía? Pues sí. Este proceso no debe sorprenderte, pues lo que debe maravillarte es el increíble poder que tienen Dios y los humanos. ¿Por qué el alma no podría resurgir en muchas vidas? La naturaleza del universo le da a los humanos poder y control sobre el destino de sus almas, incluyendo la capacidad de viajar en el tiempo y el espacio.

Verás, la reencarnación no es más que un pedazo pequeño del proyecto llamado "crecimiento humano", como tú le dices. Para nosotros simplemente son "aventuras del alma", donde las características humanas se atribuyen al alma a través de varias vidas, con las cuales ésta conoce el tiempo, se divierte y gana una buena cantidad de experiencia. No es "pecaminoso" como muchos creen, es una forma más de medir el tiempo, es como tomar una decisión en cualquier momento de la vida.

Cada alma colecciona experiencias de este vasto ambiente almacenado en su inconsciente. Algunas son experiencias propias, otras corresponden a los demás, pero en el inconsciente todas son iguales. Indican el avance del tiempo, que se considera progreso, y es agradable. Aunque la decisión de participar en el proceso de reencarnación tiene un efecto secundario, encierra al alma en el tiempo porque el ser está convencido de que el progreso se da con el tiempo. Esta creencia refuerza los atributos del tiempo y socava su capacidad para escapar de él.

Algunos de ustedes creen que un alma sin cuerpo físico no tiene forma ni significado. Temes que, lanzada al vacío, el alma no física vive una existencia gris. Así que te aferras a tu forma humana con la esperanza de encontrar en ella un poco de significado e importancia. Consideras que algo te falta y esperas que con el tiempo progreses y te conviertas en un ser sin carencias. ¿Por qué las creaciones de Dios querrían eso? No es más que una creencia que el futuro traerá cosas buenas, más bien te enredará en una maraña de carencias, hará que dependas del "futuro" y que necesites medir el tiempo.

Es muy fácil escapar de esta trampa, aunque te sientas atrapado por la medición del tiempo que se refleja en tu entorno. Entonces, en lugar de huir de la medición del tiempo, entrena a tu mente para que escape de las ideas relacionadas con la carencia. ¡No te hace falta nada y no puedes darte el lujo de seguir pensando en eso! La raza humana debe dejar de confundir cosas materiales con valor humano. Tú vales mucho y *tienes* todo.

Si esto te provoca confusión (porque parece que tu mundo refleja lo contrario), sigue adelante. Tu Creador te provee de todo, ahora y para la eternidad. Dios sabe que no tienes necesidades y estás cubierto en todos los sentidos. Sin embargo, con el poder de creación que tienes puedes hacer imágenes de carencia a tu antojo. De alguna manera, esto te da placer porque te permite llevarte bien con tus amigos humanos, quienes están inmersos en este sentimiento de carencia y la necesidad de progreso.

Tu alma no requiere progreso alguno, pues nunca se ha alejado de Dios y no olvida a su ser sagrado ni a sus maravillosos dones. Si escuchas a tu alma, oirás el eco de esta verdad. Tienes todo, estás en casa y estás protegido. Ahora.

Respiración

*A*sí es, tu relación con el oxígeno. La respiración que haces en este momento está cargada del deseo de continuar en el sendero que ya iniciaste. Algunos dicen que respirar es un instinto automático, pero desde nuestra perspectiva es una acción que realizas como confirmación de tu deseo de seguir en la tierra.

Cada respiración contiene información en su estructura molecular, y nosotros somos los responsables de ese intercambio de información. Durante tu estancia en la Tierra necesitas sustento y guía, así que nosotros impregnamos cada molécula del precioso oxígeno con consejos e indicaciones. Es la mejor manera de estar en contacto contigo y dentro de ti.

Tu respiración es el encuentro continuo entre nosotros, los ángeles, tu conciencia superior y tu yo terrenal. Es como una mesa de diálogo en la que tus movimientos ya están planeados. Debes saber que todo esto está basado en tus intenciones. De tus exhalaciones extraemos lo que ya no quieres, e impregnamos tus inhalaciones con información positiva que te permite mantenerte firme ante las aparentes disertaciones.

Entre más fuerte es el deseo, más fuerte es la respiración. Por tal motivo, en momentos de gran deseo, tu respiración se hace más profunda, y cuando te sientes impotente, la respiración se vuelve superficial. Si quieres que en tu vida haya movimiento rápido y fuerte, simplemente respira más hondo al tiempo que visualizas tu deseo. Esto se logra a través del ejercicio físico, o tan sólo combinando respiraciones con meditación.

Quizá esta fórmula te parezca muy sencilla, pero te aseguramos que es muy poderosa y penetra hasta lo más profundo de tu mente inconsciente. Con frecuencia, vemos que estás cansado y necesitas nuestra ayuda; llámanos, pues nuestra eficacia se ve obstaculizada por tu respiración lenta y superficial. En este momento, haz una respiración profunda y larga al tiempo que solicitas nuestra ayuda. Al inhalar sentirás nuestra presencia.

Si te alentamos para que hagas ejercicio, en parte es para que te acostumbres a este tipo de respiración más profunda. Sabemos que te has dado cuenta de que tus dudas y problemas se resuelven al final de tus rutinas de ejercicio. Esto se debe a que nos comunicamos contigo profundamente a lo largo de tus ejercicios; te otorgamos tranquilidad, te damos orientación y nuevas perspectivas con respecto a las situaciones que se presentarán en breve.

En este momento es esencial que estés consciente de tu respiración; respira profundo llevando el aire al estómago y disfruta sintiendo cómo se llenan tus pulmones de oxígeno. También fíjate *dónde* respiras. Es frecuente que tomemos una decisión para movernos hacia otro sitio donde haya más oxígeno. Entre más alto es el porcentaje de oxígeno que lleva cada respiración, mayor es nuestro grado de transmisión hacia ti. Por eso resulta más difícil que nos escuches cuando fumas, ingieres bebidas alcohólicas o gaseosas, y respiras aire contaminado y humo, pues estas acciones evitan que tu cuerpo reciba más oxígeno.

Ése es otro motivo por el que te pedimos que te unas a nosotros para limpiar el aire de gases tóxicos, ya que éstos merman nuestra capacidad de comunicarnos libremente contigo y el resto de los seres. Hablaremos de este tema más adelante porque merece mucha atención. Por ahora, querido hijo de Dios, establece un punto de apoyo firme concentrándote en profundizar y fortalecer tu respiración. Entonces, veremos qué información está reservada para ti, ¡la cual te liberará en muchos aspectos!

Sanación

Todo está sanado, excepto en el sueño de la enfermedad. Cuando te concentras en el problema que tienes en frente, lo haces más grande en todo el sentido de la palabra. No te ofendas por esto, si lo que esperas es una recompensa por tu compasión hacia los problemas personales y materiales. Tu compasión no se pierde ni se ignora, sólo se reestructura. Lo que te pedimos es un nuevo tipo de compasión, *Querido Nuestro*. Y eso incluye, en primer lugar, ignorar la falsa impresión a la que llamas problema. Tal vez sepas que la primera ley de la metafísica dice que todo en lo que te concentras crece y aumenta. Entonces, ¿por qué piensas que la compasión negativa que tienes hacia los problemas los ayudará a sanar?

En lugar de eso, mejor concéntrate en la compasión *positiva*, piensa que la situación ya sanó y se redujo de tamaño. No creas que esto afecta la voluntad de Dios ni de los demás. La compasión positiva simplemente es lo que ya se creó en el plano divino: perfección. Esta perfección reside en el interior de la fuerza de vida que respiras. Si te concentras en las soluciones, y no en los problemas, diriges la fuerza de vida hacia su dirección natural.

Simplemente visualiza que la situación, no importa su tema o apariencia, ya está resuelta y da gracias por ello. Acepta esta situación sanada en tu corazón, sin buscarle lógica o razón. Un simple gramo de fe basta para que viaje por el sendero de la revelación de la sanación de los aparentes problemas.

Esta verdad aplica para cualquier cuerpo, no importa que sea tan grande como el mar o la atmósfera de la tierra, o tan pequeño como un organismo microscópico o un animal

raquítico. En la conciencia guarda la verdad de que la enfermedad no existe cuando hay amor, y entonces sabrás cómo es todo en realidad.

Sanación del cuerpo

*L*a sanación es producto de tu decisión de compartir el amor que es tuyo por principio de cuentas. Compartir este amor es un compromiso y una decisión. Cuando decides comprometerte a cumplir este objetivo, creas de manera natural nuevas vías para hacerlo, y también eliminas los obstáculos. Si tu prioridad número uno es compartir amor, harás lo necesario para que así suceda.

Sanas tu cuerpo, tu vida y tu mente porque debes contar con esas herramientas para compartir el amor con los demás. Si lo haces para cumplir tu objetivo, ¡descubrirás que la sanación te llega en un abrir y cerrar de ojos! Sanar, como ya lo mencionamos, es más bien "revelar", pues ésa es la verdad que se oculta detrás de este principio.

Sanar, cuando entiendes correctamente el término, significa tomar una decisión firme que te llevará hacia las prioridades de tu yo superior. Cuando te rindes ante los caprichos y mandatos del ego, te da miedo seguir el camino. La autoconciencia te vuelve débil, aunque la creación de Dios es pura fortaleza. Dios no creó la debilidad, fuiste tú, creyendo que ésta te daría más que la fortaleza. Pero puedes reconsiderar esta decisión para obtener resultados diferentes.

Es mejor acercarse a la revelación con el corazón abierto a la gratitud por el poder de Dios. Ya tienes todo lo que necesitas, y nada más te recordamos esta verdad esencial. El acceso a la sanación está a tu disposición eternamente, es cuestión de que lo solicites porque deseas más tiempo y energía para cumplir con tu meta sagrada. Tu decisión clara y firme de sanar no puede ser obstaculizada, Sagrado Hijo de

Dios. Tu poder incuestionable reside en tu decisión, intención y compromiso. Ninguna fuerza se opone a la tuya. Así, tu voluntad y la de Dios coexisten en perfecta armonía.

Sanación emocional

Muchos de ustedes sufrieron heridas en la infancia y los primeros años, las cuales parecen seguirlos a lo largo de su vida. Esto se debe a que no te has dado el tiempo para hacer una pausa y analizarlas, por lo tanto te causan angustia. Si haces preguntas sobre tus primeras experiencias, la vida busca resolverlas con situaciones en las que encuentras las respuestas. Tal vez tú lo llames "patrón de abuso", pero la vida, como es neutra, sólo responde a preguntas como: "¿Por qué yo?"

Te enfrentas a situaciones similares porque concentras tus pensamientos en esas acciones. Está claro que debes comprender la verdad de la que hablamos; una vez que la entiendes, el siguiente paso es ponerle fin a esa repetición. Y en lugar de hacer más preguntas sobre tu pasado, crea un presente lleno de alegría y paz. Estamos esperando que tomes esta decisión, por tu bien. Es un hecho que nada podemos hacer hasta que llegue el momento en que pidas nuestra intervención.

Muchas veces esperas lo peor, y la vida cumple tus expectativas sin defraudarte. ¿Ves, en estos ejemplos, el fuerte poder que tienes para crear tus escenarios? Sanación emocional no significa pensar continuamente en la herida, sino ver al mundo con ojos sanos. Nuestras palabras no son crueles, tus sufrimientos nos inspiran una gran compasión, simplemente queremos sacarte de la maraña de viejas heridas para que puedas experimentar la libertad que deseas.

Muchos se quedan atrapados en situaciones del pasado, en busca de explicaciones e incluso de venganza. Te pedimos que superes esas tentaciones, Santísimo, y comprométete con una nueva forma de vida. Tu verdadero ser, ese que reside en tu interior, no tiene cicatrices ni heridas, y está completamente seguro de querer vivir una vida tranquila que a todos beneficia. Entonces, *sanar* significa *revelar* lo que ya existe, que suceda lo que está establecido en tu corazón. Si lo que quieres es validar tus heridas, así será; y si lo que buscas es confirmar tu fuerza y poder interiores, también eso sucederá.

Entonces, sana a través de tu compromiso de revelar la esencia sagrada que en realidad habita en tu interior. Alivia tus heridas emocionales haciéndolas a un lado, dirígete hacia un nuevo camino, el de la espléndida fuerza interior, el que se convierte en oportunidades para ayudar a los demás a superar las adversidades, el que le hace justicia a tu yo sagrado.

Sendero de la vida

Cada momento de tu vida es una oportunidad para servir, y por lo tanto, una oportunidad de ser feliz. Puedes prestar servicio al planeta o a sus habitantes. Una de las razones por las que nosotros, los ángeles, somos tan felices es que continuamente prestamos nuestros servicios. Esto no quiere decir que te conviertas en mártir o que todos abusen de ti, ¡en lo absoluto! Estas connotaciones negativas surgen cuando el acto de servir es originado por la culpa o la obligación, y en esos casos no se beneficia ni quien da la ayuda ni quien la recibe. Sin embargo, si las ganas de servir provienen de la abundancia, cuando sabes que tienes mucho que dar, entonces todos son felices. No nos referimos a la palabra *dar* en el sentido material. Dar y servir pueden ser acciones tan sencillas como alimentar a un animal hambriento o sonreírle a un niño abandonado. Y en este sentido, *das* en abundancia.

Busca en el horizonte las oportunidades para servir, se presentarán ante ti sin problemas. Cuentas con ángeles que te asisten en tu labor de servicio, así que realízala haciendo equipo con tus amigos celestiales, y no dudes en llamarnos para que te apoyemos en esa labor. Tienes mucho que dar, pero debes hacerlo con disposición y libertad. Esto incrementa tu "autoestima" porque sólo cuando eres capaz de dar te enamoras de tu vida y de Dios. El amor de Dios se refleja en el amor de tu yo superior, el cual eleva la opinión que tienes de ti mismo, no de manera arrogante ni altiva, sino para que reconozcas el amor como tal.

Entonces, tu sendero de la vida es el de descubrir tu verdadera naturaleza a través del servicio y la entrega. No dudes en dar, ni esperes a que llegue el momento perfecto ni la oportunidad para hacerlo. Búscalos ahora y descubre que ellos están esperando con paciencia a que tú los encuentres. Entre más das, más tienes. Pero eso se convierte en algo trillado si las acciones no sustentan las palabras. Experimenta dando y disfruta los resultados directamente. De esa manera, conocerás la verdad que encierran nuestras palabras: Tu misión es dar, y por lo tanto recibes con generosidad.

Ábrete para recibir las cosas buenas que llegan a ti todos los días. No te resistas a la abundancia de plenitud que te otorga Dios. Gracias a lo que recibes sabes que fuiste bendecido. Saber esto te da la confianza de seguir adelante... prestando servicio con alegría.

Seres queridos difuntos

El dolor que sientes cuando piensas en tus seres queridos que ya no están en el plano terrenal, es similar al dolor provocado por los cambios que desearías que no hubieran sucedido. Tu pena se hace más fuerte porque te niegas a reconocer que esta transición es una bendición necesaria; maldices el nacimiento y la muerte y deseas que existiera un escenario diferente, el cual no puede ser.

Tus seres queridos siempre están cerca de ti, ahora y siempre, porque las almas están en constante comunicación entre ellas, sobre todo cuando está de por medio el amor familiar. Esta conexión eterna te mantiene cerca de ellos a lo largo de toda la existencia. ¿Por qué sería de otra manera si sus almas así lo quieren? Tu alma, que no conoce las mentiras ni los caprichos, sabe que las almas de tus seres queridos –en el plano terrenal y en otros– están gozando en este momento de la frenética alegría de Dios. Tú, que parece que estás triste, simplemente estás rechazando el tibio abrigo que te ofrece Dios, por eso sientes el frío de la separación, la soledad y el aislamiento. En tu pena está el consuelo, pero aun así te suplicamos que reconsideres esta decisión.

El verdadero contacto con tus seres queridos se da a través del brillo interno producido por la alegría eterna de Dios. Si transmites alegría a tus seres queridos, se crea un lazo tan profundo que las palabras salen sobrando. Todas las partes involucradas lo saben, a nivel consciente o inconsciente. Esta conexión es el consuelo que buscas, *Querido Nuestro*.

El dolor sólo provoca más dolor. Y si ya decidiste vivir con él, nosotros no podemos ayudarte; únicamente quedamos a la espera, listos para asistirte en el momento que te hartes de vivir en ese estado.

El paso de la pena a la alegría puede parecerte inmenso, por eso necesitas nuestra ayuda. Dentro del espacio sin tiempo, trabajamos para que tu corazón se conecte con tus seres queridos en el sitio donde ahora residen. Sus almas, igual que la tuya, viven en unión eterna con Dios y con el resto de las almas. Y la palabra que mejor describe ese sitio en términos de comprensión humana, es "alegría".

Cuando preguntas cómo están tus seres queridos difuntos, te refieres a si están felices o si están sufriendo. También haces esta pregunta porque temes haberlos decepcionado de alguna manera. La preocupación y la culpa acompañan tu pena, y no tienes a quien recurrir para aliviar estos sentimientos. Sin embargo, nosotros te ayudamos a descubrir que tus seres queridos, igual que tú, están rodeados de alegría.

Pero para hacerlo necesitamos algunos momentos a solas contigo; es necesario que acondiciones un espacio tranquilo y silencioso. Una vez que tengas listo ese espacio terrenal, llámanos a nosotros, los ángeles, para que unamos tu conciencia con la de tu ser querido. Para ello, te pedimos que respires hondo, que te concentres en el espacio que ocupa tu corazón y lo llenes de mucha alegría. Te pedimos que recuerdes momentos alegres que compartiste con tu ser querido. Y cuando tu corazón esté tibio e inflamado, sentirás cómo se estrecha la conexión con tu ser querido. Se encuentran en ese lugar de alegría que hay en tu corazón.

Y siempre, aun sin nuestra intervención, puedes reunirte con tus seres queridos en este espacio sagrado de alegría. Tranquilo, no estás violando preceptos ni condiciones con estos encuentros, pues sus almas se funden para siempre en la alegría, a pesar de que las apariencias externas indiquen lo contrario. Cuando viajas con conciencia a este espacio de reunión sagrado, lo haces protegido con las bendiciones del Cielo. Regresas reanimado y reafirmado, y tus dudas se deshacen como el hielo en el calor del verano. La alegría es lo único que existe, el resto es una obsesión del ego, que no es digno de tu mente sagrada.

Tus seres queridos te aman, siempre. Tus seres queridos se hacen presentes en este amor eterno por ti, siempre. No hay espacio para ningún tipo de ira, sufrimiento, ni dolor, tus seres queridos te imploran que dediques tu vida y tus actividades hacia la encarnación de la paz.

Sexualidad

La copulación es la unión de la mente, cuerpo y espíritu impulsada por el deseo de procrear y reunirse con Dios. Estos deseos entremezclados son tan fuertes, que el deseo sexual es de los instintos más intensos. Analizaremos el tema visto así.

En el interior de todos los seres terrenales habita el impulso instintivo de procrear. Esto se debe a que la creación literal de más seres depende de tales tendencias a la procreación. Si el deseo no existiera, a las diferentes especies no le interesaría reproducirse, ¿o sí? El factor placer fue necesario para asegurar la supervivencia de las especies.

Fuera de estos instintos básicos hay otro aún más profundo; no mejor, sólo más profundo. Es el deseo de reunirse con la deidad, es decir, la unión de dos almas en una sola con nuestro Creador. Eres parte de esa deidad y en este momento estás unido a Dios y a la deidad. Pero tu ego creó escisiones en la conciencia que impiden que te des cuenta de ello.

No obstante, el alma interna (yo superior) recuerda esta unión y pretende regresar a ella a través de la unidad con Dios y la Divinidad. Y las experiencias más cercanas a ella en la tierra son la meditación, la oración y la copulación. Al copular se produce una sensación de cercanía que raya en la de *encuentro* y *unión*. Los órganos sexuales se unen y el espacio del corazón de uno da cabida al del otro; físicamente ambos corazones se acercan, y esto produce la sensación de unidad.

La felicidad generada por esta copulación es similar a la intensidad física producida por la pérdida del tiempo-conciencia. Cuando pierdes la noción del tiempo, tu alma viaja a una órbita superior en la cual tiene acceso a la verdad. Las leyes de la tierra no restringen al alma eterna y literalmente te permite disfrutar de la felicidad de la unión, no sólo con tu pareja, sino con el máximo ser amado, la deidad.

En esos momentos en que sientes un fuerte deseo de copular es cuando más necesitas reunirte con Dios y con la deidad. Que quede claro que siempre estás en tu verdadero hogar con la deidad; sin embargo, cuando esta verdad se olvida, tu conciencia viaja a casa a través de las relaciones sexuales.

Sueño

*C*uando cierras los ojos y te dejas ir, ¿crees que tu alma escapa de los límites de la vida terrestre y viaja momentáneamente al Cielo para recordar y renovarse? La respuesta es sí, en caso de que tuvieras esta duda. *Querido Nuestro*, los viajes que realizas durante el sueño son consuelo y salvación en muchos sentidos. Gracias a ellos escapas de situaciones difíciles, son una oportunidad para analizarlos desde afuera y una manera de ver la vida desde una perspectiva diferente.

Lo único que te pedimos es que confíes en que tus viajes tienen una razón de ser y que no corres ningún peligro. Tu sueño está protegido en todos los sentidos. Lo que estamos diciendo es que tu cuerpo está a salvo porque nosotros lo cuidamos durante los viajes en el tiempo. Estos escapes te sirven para desahogarte, son como una emanación de vapor a través de la cual se libera la presión acumulada. Si no contaras con este escape, la vida te sería insoportable.

Con frecuencia, recuerdas fragmentos de estos viajes del alma y te preguntas: *¿Qué significan?* Y aunque no recuerdas los detalles de las aventuras nocturnas, cumplen con su objetivo. Primero, funcionan como válvula de escape, liberando la presión que se acumula dentro del sistema; segundo, los viajes realizados durante el sueño te vuelven consciente de tu naturaleza sagrada y divina. Son oportunidades que tienes para conocer y experimentar tu naturaleza sagrada sin prejuicios ni críticas de tu parte. Es muy hermosa la manera en la que te abres a nosotros durante estos viajes, y sólo a través del despertar puedes conversar con tu "mente lógica" sobre la realidad de la experiencia. Sin embargo, debido al rechazo de tu mente lógica, la experiencia se queda grabada en el inconsciente. Tu alma interna (yo superior) disfruta de la belleza del Cielo cada noche, recargándose para pasar otro día en la Tierra.

El sueño es reparador gracias a estos viajes, y te despiertas renovado porque liberaste la presión acumulada. Cuando en el sueño nos encontramos para darte una clase o asignarte una tarea, te recibimos con los brazos abiertos y te fundes en nuestro abrazo. Casi todas las veces que nos conectamos de esta manera es porque estás ansioso de afecto. Y quizá el principal valor del sueño es que se convierte en la oportunidad de presenciar el milagro más maravilloso de la vida: el amor —sentirlo, beberlo, reabastecerte y recordarte tu origen sagrado. Duerme bien, *Querido Nuestro*. ¡Nos vemos en tus sueños!

Sufrimiento

Muchos sufren a lo largo del camino, eres testigo de su dolor y nos preguntas: "¿Por qué tiene que ser así?" Y te respondemos que fuiste enviado para presenciar su sufrimiento y aliviar su dolor. No para que absorbas el sufrimiento, no, sino para que los protejas de más tormentas ofreciéndoles el único consejo que existe: amor.

Si sientes piedad, refuerzas el sufrimiento; pero si das compasión y amor, le pones fin al sufrimiento. Para la piedad el sufrimiento es el reflejo de la victimización, y si consideras víctimas a las personas, ¿cómo escaparán sin la valiente ayuda de una fuerza sobrenatural? Entonces, refuerzas su sensación de impotencia, la cual acaba con la fuerza que los ayuda a huir. Cuando la gente se siente impotente implora ayuda con cada acción que manifiesta; se vuelve débil, dependiente y temerosa.

¡Es mucho mejor reforzar su poder interior y no su sensación de impotencia! Tómala de la mano y llévala a casa mostrándole la fuerza que hay en su interior. Enséñasela dándole ejemplos de su valor, templanza, sabiduría y bondad. Recuérdale su fortaleza y ayúdala a sentir cómo crece su poder.

Así, la gente vuelve a sentirse fuerte e interdependiente. Ve el poder de su gracia y esa percepción de sí misma se refleja en la fuerza de los ángeles que la rodean. Se convierte en un poderoso centro en el enorme y benevolente universo, y esto les permite ayudar a otras personas. Fíjate el bien que le haces al mundo cuando le levantas el ánimo a alguien a través de este proceso de fortalecimiento, y aun así te sigues preguntando: "¿Por qué? ¿Por qué existe el sufrimiento si

Dios es todo amor y omnipotente?" Y te respondemos que es uno de los misterios del universo que poco se comprende. Aun así, te explicamos con cariño que sí, nuestro Creador es la esencia poderosa y fuerte del amor que todo lo abarca. Este amor brilla con tanta intensidad, que elimina la oscuridad, no lucha contra ella. La luz tampoco lucha contra la oscuridad, simplemente ésta no puede penetrar el intenso brillo que proyecta la unidad; literalmente es borrada por el resplandeciente brillo.

Como la oscuridad no traspasa la brillante luz, la unidad no conoce ningún tipo de oscuridad, pero sí todas las formas de luz: alegría, paz, felicidad y unidad. La unidad no experimenta ninguna clase de oscuridad, incluido el sufrimiento. Esto no significa que Dios ignore a los que sufren ni que tenga favoritismos, sólo significa que la Unidad te encomienda que lleves luz a todas las situaciones donde haya oscuridad. Sé como el Creador y haz que la luz brille en las circunstancias que no están fundadas en la alegría. Así, actúas como el ángel terrestre que construye el puente de luz a través del cual los demás podrán llegar a casa.

Trabajo espiritual

Como no hay tiempo que perder (pues para empezar no hay tiempo, y en el mundo en el que éste se mide, es el *ahora* lo que nos ocupa), te pedimos que estés abierto a las misiones que tenemos para ti. Te aseguramos que no rebasan tus capacidades ni tus intereses, y muchas de ellas resultarán muy agradables. Por supuesto, te acercarán más a ese sitio al que llamas "casa".

Te preocupas porque no sabes cómo lo lograrás, pero eso sólo es una proyección de los viejos estándares que tienes del éxito y a los que te refieres con palabras como calificaciones, aumentos y promociones. Cuando se trata de trabajo espiritual esos términos nada significan. Si eres exitoso económicamente nada tiene que ver con tu trabajo espiritual. El primero es un asunto de colección y el segundo una cuestión de descubrimiento. Recuerda que dispones de ambos tipos de riqueza al instante – el momento en el que te desprendes de las proyecciones altivas o inferiores y llegas a un sitio de amor universal.

Si tienes fe en que el Creador, el que está en los cielos y el que llevas dentro, es la fuente que has estado esperando, realizas tu trabajo espiritual con facilidad. No tienes que preocuparte ni esperar el momento para llevar a cabo tu ministerio de enseñanza y sanación. No, es mejor que lo hagas en el presente y no en el futuro.

Nada ni nadie evita que disfrutes tu misión. Eres un agente libre, no importa que las apariencias digan lo contrario. En todo momento hay una persona o situación que se beneficia con tu amor, luz y visión divinos. Concéntrate en buscar a esas personas y situaciones en lugar de bloqueos. Nunca olvides que tú eres el director de la película de la que eres parte. Una intención positiva es suficiente para que los resultados sean los que esperas, y una intención negativa siempre te bloquea.

¿Sabes que mereces estar rodeado de situaciones positivas? No son recompensas, sino opciones que están a la disposición de todos. El sendero del aprendizaje se presenta de muchas formas y Dios no favorece más a una que a otra. Todas –el buen ánimo, la depresión y lo que hay en medio– son opciones que te da el Creador, quien simplemente confía en que elijas la mejor para ti y los que te rodean.

Yoga

Hemos hablado ya de la importancia de la respiración, del ejercicio y la meditación, y no queremos fastidiarte con el tema. Por eso te presentamos al yoga como la ruta para alcanzar esas condiciones en un periodo corto de tiempo. Cuando te dedicas a practicar yoga, el rejuvenecimiento crea en tu interior una buena cantidad de energía. Fijar la práctica del yoga en un horario específico, convierte a la costumbre en algo natural, cosa que recomendamos ampliamente. Te exhortamos a que pienses en la posibilidad de practicar yoga, cuando sea. Algunos lo harán de vez en cuando y otros lo considerarán parte esencial de su vida.

La práctica del yoga se introdujo hace mucho, pero hasta hace poco llegó a tu tierra. Hoy, la práctica llega a ti respaldada por la acumulación de oraciones, una fuerza tan grande que si te sumerges en su resplandor, enormes transformaciones tendrán lugar. Aquellos que originalmente practicaron yoga enviaban oraciones al futuro, pidiendo que quienes hicieran yoga las recibieran. Si practicas yoga, te zambulles en el flujo del río de esas oraciones antiguas.

A ti, que te intimida tu grado de flexibilidad, te pedimos que escuches nuestro llamado. La práctica de yoga es un sendero tranquilo que te enriquece desde adentro, úsalo como medio para centrarte plácidamente, y no como vía para establecer tu "inferioridad" o "superioridad" con respecto a los demás.

Si crees que estamos castigándote con esto, por favor entiende que para nosotros el yoga es un arte sagrado, no un medio de competencia. Estás perfectamente alineado en todos los sentidos y el curso natural es que bañes tu conciencia con el flujo de aliento que se crea cuando te estiras y te doblas.

No retrases un momento más la práctica de yoga, *Querido Nuestro*, pues sabes que ella te beneficiará en gran medida. Te colocaremos en situaciones y con maestros que anclen la práctica de yoga en ti y te inculquen esta nueva y perdurable costumbre de respirar profundo, mezclada con estiramiento periódico.

Dentro de cada instante de quietud, yace una fuerte acción que espera tu conexión. Si estás quieto, tu mente deja de llenarse con información que se disputa tu conciencia. Si estás quieto, escuchas nuestras palabras que viajan en el silencio de tu respiración. Alégrate entonces de que puedas recibir esta extensión del amor celestial todos los días a través del yoga. La práctica del yoga es una invitación hacia una mayor conciencia para ti, que tienes horarios muy apretados y que no soportas la carga de tus responsabilidades. Es un ejemplo del milagro de que recibes más cuando das, y de que entre mayor es tu dedicación a la práctica del yoga, más recibes.

No pienses que somos crueles e insensibles cuando nos referimos a tu horarios, *Querido Nuestro*. La intención es que escuches nuestras palabras y te guiemos con dulzura y suavidad hacia lo que ya sabes que es verdad, pues en todo momento tu libre albedrío brilla como un faro en el horizonte. No pretendemos, ni podemos, dirigir esa luz para que ilumine otra voluntad que no sea la tuya, la cual es en parte la voluntad de Dios. Encontrarás tu propios medios para lograr la calma, y te ofrecemos nuestras palabras como regalo. Pero sí conocemos las consecuencias de las decisiones que tomas y sólo queremos guiarte, en la medida de lo posible, para que esas decisiones te den felicidad en todos los sentidos.

Parte 2

Mensajes de los arcángeles

Mensaje del arcángel Miguel

P: Arcángel Miguel, ¿qué quieres decirnos?

R: Siéntate tranquilamente, respira hondo y abre tu chakra de la corona para que tenga un conducto por donde transmitir mi información, profundo amor y gran respeto por ti. Con mucha frecuencia huyes para no encontrarnos frente a frente, pues le tienes miedo a mis palabras. No temas, porque vengo en nombre del Ejército de todos los planetas y más allá. Estoy al frente de la "brigada de luz", y la situación que prevalece en la Tierra nos necesita a todos en este preciso momento. En las épocas de grandes conflictos e inseguridad, ¿quién crees que mantiene unida la estructura como si tuviera pegamento? Es la luz que compartimos la que traspasa incluso en situaciones de grave peligro. En verdad, no hay nada que temer, pues tienes la milagrosa capacidad de abandonar este plano de luz y escapar de cualquier forma del peligro.

Entonces, siéntate bien y en silencio visualiza la magnífica luz que en este momento está en tu interior y a tu alrededor. Medita con la intención de verla. Su poder es más grande que el de cualquier fuerza creada por la humanidad. Es el secreto del universo, la causa y el poder de gran determinación. Esta luz, Querido y Amado, es una fuerza poderosa e invisible que jamás podrá ser erradicada o eliminada. Es ilimitada y va desde donde estás en este momento hasta los confines del universo. Es eterna y en un abrir y cerrar de ojos puede cubrir a todo un planeta.

Envía esta luz a todos los sitios que el ojo humano alcance a ver que están cubiertos de dolor. Demuestra que te preocupas por conservar la paz bañando a la tierra con tu luz divina y sagrada. Que te quede claro, eres uno de los soldados de verdad y conciencia divinas, y en realidad haces la diferencia cuando utilizas esta habilidad oculta de sanación. Haz que sucedan milagros, *Querido Nuestro*, enviando luz desde tu corazón, mente y cabeza, bañando y cubriendo las muchas dimensiones con este don de la luz.

Igual que un ungüento, alivia y sana los pensamientos de enfermedad. La luz es de diferentes colores, según el que elijas y debas usar. Por ejemplo, si bañas con luz azul claro una situación de enojo, extinguirás las llamas de la ira, como el agua vertida sobre llamas ardientes. La luz azul oscuro calma los nervios y eleva la conciencia. Verás que la luz azul oscura da origen a conversaciones filosóficas, que aletargan. Hay muchos colores más y querrás experimentar con todos, pero presta atención a los efectos que producen. La luz rosa, como te imaginas, engendra amistad y amor romántico, y por lo general une a la gente a través del cariño. La luz amarilla estimula el ambiente laboral y ayuda a quienes se distraen fácilmente a mantenerse más concentrados en los mensajes y consejos de su yo superior. Como dije, experimenta con esas luces brillantes que no fallan ni se equivocan. O si es necesario hacer una sanación multidimensional, simplemente usa luz blanca, pues ésta contiene todos los colores, sobre todo mi adorado violeta, que se encuentra en la parte más alta del espectro. La luz violeta siempre ayuda a que la gente brille en su estado más elevado para que desarrolle su sabiduría interna en todos los aspectos. Estimula los sentidos y la glándula suprarrenal, produce tal energía de mando que los sentidos elevados se usan de manera significativa.

Entonces, ¿ahora entiendes por qué digo que soy el líder de la "brigada de luz"? Tú, que te encuentras entre los numerosos miembros de esta sociedad interna, tienes mucho que hacer. Primero, es necesario que despiertes a tus hermanos y hermanas que están dormidos haciendo brillar tu luz siempre que te acuerdes. Su luz interior, como la tuya no hace tanto, está dormida, igual que sus conciencias. Como sienten el dolor provocado por la falsa victimización, sus ruedas giran pero no avanzan. ¡Cuánto necesitan en este momento de tu luminoso amor para escapar de las trincheras en las que están atrapados! Ayúdalos a alcanzar su estado más elevado, *Querido Nuestro*, siendo el resplandeciente ejemplo de una persona que vive en la verdad.

Necesito que estés al pendiente de la paz en todos los sentidos, y que todas tus acciones sean pacíficas. No permitas que al interior de tu familia exista nada que no sea la alegre paz que habita en tu interior. Con esto me refiero a una emoción tranquila y no a la definición común de paz que se parece más a la "apatía". La paz es estimulante y muy emocionante cuando se experimenta y se comprende realmente; quiere decir que tienes la certeza de que el Creador Divino resuelve todos los problemas. Paz significa tener siempre el valor de amar, sin miedo a las repercusiones; es realizar tus labores diarias de tal manera que te conduzcan al límite de tu pasión. Si vas a la biblioteca, haces una llamada telefónica, te encuentras con alguien por "casualidad" o das un paseo a pie, confía en la capacidad de liderazgo de tu ser y voluntad sagrados.

Con frecuencia nos encontramos en los viajes que realizas cuando duermes y te indico las tareas que pediste y que aceptaste realizar. Por eso es frecuente que tengas esa sensación, a la que llamas "déjà vu", de haber vivido la mayor parte de las situaciones vitales y urgentes antes de que ocurran. Cuando tengas esa sensación de que ya viviste algo, como recordar un sueño porque algo que pasa dispara tu memoria durante el día, flota en el tiempo y comunícate conmigo aunque sea un instante. Te enviaré la señal de que soy yo quien está contigo, puede ser el destello de una luz o la sensación física de que estoy parado junto a ti, lo cual quizá te haga sentir que algo envuelve tu cabeza o una presión en tus hombros.

De cualquier forma, no te alarmes, pues es la señal que ya habíamos acordado que te enviaría para que supieras que la situación es importante. Es tu oportunidad de eliminar el miedo y adoptar la alegría. Quiero que sepas que estás plenamente calificado para esta operación de paz, y que yo siempre estoy a tu lado, eternamente, cubriéndote con inmensas cantidades de amor y devoción. Porque yo, Miguel, fui enviado directamente por Dios para enseñarte tu luz en todos los sentidos.

Mensaje del arcángel Rafael

P: Arcángel Rafael, ¿qué quieres decirnos?

R: Con frecuencia me llamas para hacer sanaciones físicas, y está bien porque estoy destinado a realizar esa función en el universo físico. Sin embargo, puedo hacer muchas cosas más y eso es lo que hoy quiero compartir contigo. Es imposible que haya desorden en el universo, pero la percepción de desorden es muy común.

Percibes cualquier forma de caos, ya sea desorden en tu casa o desorganización económica, porque estás confundiendo el principio de orden que rige el universo. Verás, gran parte de este principio requiere de tu cooperación para que puedas disfrutar de su poder nutritivo. No puedes crear caos, pero sí puedes provocar efectos caóticos cuando consideras que una situación está fuera de control. Este pensamiento te arrastra a la desorganización, dejándote fuera de las leyes normales de orden y control. Una vez fuera de estas leyes, percibes más caos, lo que te provoca desesperación, o eso que llamas "estrés". En él está el origen de todas las enfermedades, hermanos y hermanas. En él reside la raíz del sufrimiento y el dolor.

En el universo no hay desorden, pero piensas que sí. Y el inmenso poder del pensamiento desordena tu vida simplemente porque ése es tu deseo. Te preguntarás cómo puedes deshacer la ley del orden de Dios. La respuesta es muy sencilla, no puedes. No obstante, puedes inhabilitar la ley con tus simples percepciones. Ves caos y lo experimentas en forma de "estrés". Donde hay orden divino, tú ves otra cosa. Donde hay paz perfecta, tú ves problemas. Donde hay salud, tú ves enfermedad. Entonces, estás ante un universo diferente al que tu Creador hizo para ti. Y lo que ves es lo que tienes.

No importa que tu mala percepción sea una ilusión, en tu mundo crees que es muy real. Entonces, me llamas a mí y a mis hermanos ángeles para que resolvamos las cosas, que es algo a lo que estamos muy dispuestos y acostumbrados. Éste es el camino largo para llegar al bienestar. Basta con un poco de percepción de orden Divino para que el caos deje de existir.

Cuando pienses en el desorden, llámanos a nosotros, los ángeles, para que te guiemos hacia una conciencia diferente, una de paz perfecta. Te ayudamos, si nos lo permites, para que cambies la imagen que tienes de tu mundo. Descubrirás que detrás de todo, incluso del aparente caos, hay un plan perfecto. Conocerás la precisión matemática con la que todo está organizado: el equilibrio, el tiempo, el todo.

Entonces, verás la magnífica belleza, en el interior y el exterior. Quedarás maravillado con el esplendor que está ante ti no sólo ahora, sino siempre, eternamente. Suspirarás impulsado por el sobrecogimiento y agradecerás que así sea.

El camino hacia la salud perfecta inicia con un solo aliento. Sucede en el momento menos esperado, cuando estás triste por una situación mal percibida. ¡Es entonces cuando debes hacer un análisis de tus percepciones! Repítete una y otra vez: "¡Esto no puede ser!" Niega la existencia del caos y exige la verdad del perdurable plan de amor de Dios. Entiende que la desorganización no entra en el universo de Dios, y tu idea de desorden se borrará hasta donde lo permitas. Si cambias de actitud, tendrá lugar la sanación completa y absoluta. Puedes llamar sanación al "ajuste en la actitud", si me permites ser tan atrevido.

No pienses que desdeño la condición humana de tristeza, ni tampoco ignoro el sufrimiento, ¡todo lo contrario, *Querido Nuestro*! Presagio una nueva era de percepción, una en la que la bruma da paso a un sol brillante jamás imaginado, donde el dolor y la tristeza se sanan en el instante en que se reconoce el sagrado plan de Dios, en el que los huesos rotos se curan en el momento que se hace este reconocimiento, y donde las vidas desordenadas regresan a donde deben estar: en la hermosa casa de Dios al lado de sus tesoros. Sus creaciones son perfectas e inmaculadas, vuelves a ser parte de esta belleza y tu percepción sagrada queda intacta otra vez.

Ya estás sanado, y yo estoy aquí en calidad de ángel guardián para que tus percepciones permanezcan en este estado de sanación. Cuando olvides que eres sagrado, pídeme que te ayude a recordarlo, como si fuera un instructor de danza celestial. El movimiento es sencillo, todo es cuestión de que tengas la voluntad de cambiar tu percepción que a veces te cuesta trabajo evocar. Tienes muchas capacidades milagrosas, limitadas únicamente por tu mala memoria. Deja que éste sea el momento y el lugar para que tu inmensa voluntad permita que sucedan milagros a través de tu percepción de luz y orden, que cubre todo lo que ves.

Mensaje del arcángel Uriel

P: Arcángel Uriel, siento que no te conozco tan bien como a los demás ángeles. Tu personalidad no parece muy diferente. ¿Qué quieres decirnos sobre ti y tu función, y qué mensaje tienes para nosotros?

R: Me da gusto que me hayas invitado a acompañarte en la creación de este libro, Doreen, porque desde hace mucho estoy al pendiente de muchos de tus proyectos, y aunque pudiera parecer escurridizo y difícil de localizar, mi presencia siempre ha estado contigo. Envío luz a muchas situaciones que consideras difíciles, ayudándote a desenmarañarlas, así como el acondicionador te ayuda a desenredar tu cabello. Con respeto, la mayoría de las veces evito entrar al reino de la comunicación directa contigo y prefiero quedarme tras bambalinas, pues es ahí donde mejor puedo ayudar en los momentos de dificultad.

El amor que siento por ti viaja constantemente de mi corazón al tuyo (estas palabras también están. dirigidas a todos los humanos que las leen). Siempre estoy muy ocupado, enviando amor constantemente a las situaciones, igual que un bombero en un fuerte incendio forestal se ocupa de extinguir las furiosas llamas. Apago el dolor en momentos en los que reina la preocupación para que puedas ver y pensar con claridad cómo resolverlos. Llevo nueva luz a tu conciencia para que la esperanza regrese a tu corazón. En muchos sentidos, te ayudo a encontrar las soluciones creativas que la mente divina te ofrece continuamente, pero que no puedes recibir si no tienes la mente despejada.

Soy el que limpia la ventana de tus perspectivas; nada más quito las nubes para que veas la vida con otros ojos. Muchas veces te refieres a mí como el "ángel psicólogo", y es un término muy acertado. Tengo la capacidad para hacer cambios en el corazón y engendrar perdón, incluso en las situaciones menos probables en las que el odio o la ira arden sin medida. Enfrío las llamas del odio y te devuelvo a la conciencia de tu amor divino. No obstante, soy más que el Ángel del Perdón porque puedo hacer muchas cosas más para ayudar a la humanidad.

Por ejemplo, soy de los arcángeles que aparecieron hace poco en la escena humana. El resto de los arcángeles, muchos de los cuales ya conoces (y estás a punto de conocer a muchos otros), tienen personalidades más "distintivas", como tú las llamas, que hacen que los reconozcas al instante. Miguel, con su certera espada, es un ángel que tiene fuerza en tu conciencia. ¿Ignorarías su fuerte voz y espíritu de mando? Rafael, eternamente dulce y ansioso por ayudar, es como un mejor amigo a quien siempre quisieras tener a tu lado. Y Gabriel siempre está presente para ayudar a aquellos de mente brillante y creativa para que utilicen esa creatividad en beneficio de la tierra. ¿Y quién soy yo en este grupo de arcángeles? Soy el que siempre está dispuesto a ayudar desde lejos, el que "inyecta" cada situación que requiere sanar con mi disposición a verter grandes cantidades de luz en tu mente y en la situación.

La luz es la parte vital de la sanación, pues abre tu mente y tu corazón para que veas la circunstancia con una nueva perspectiva. La infusión de mi flujo de luz hace que des un paso atrás y vuelvas a pensar. Mi luz prepara a tu corazón para que perdone, aunque tu cabeza pida venganza a gritos. Esquiva el reflejo de ataque y te protege de los reflejos automáticos de venganza. Entonces, te suavizas, pero no de manera que te sientas "tonto", sino para que encuentres determinación, fuerza y perspicacia.

Piensa en mí como el tío sabio que te da una nueva perspectiva en situaciones difíciles. Te brindo grandes cantidades de sabiduría, cosechada de las experiencias de la vida misma. Pero mi mayor legado tiene la forma de la más grande de las riquezas: mi urna de luz, la cual vierto con gusto sobre tu sagrada cabeza cuando está abatida por la pena. Mi urna se llena eternamente con luz renovada, y el tiempo me sobra para pasarlo contigo.

Esta luz no sólo es un catalizador que sana, también está impregnada con las propiedades de nuestras infinitas conversaciones, las cuales se dan a tan alta frecuencia que a veces ni tu conciencia las percibe. Esos son los momentos que más disfruto: nuestras "pláticas", nuestras "reuniones" a altas frecuencias y que por lo general tienen lugar a lo largo de tus meditaciones, tus sueños y momentos de expansión abierta. La profundidad que compartimos en esas conversaciones ocultas es lo que más disfruto, y mi corazón brinca de alegría cuando te miro escribiendo esos pensamientos, capturando su sabiduría para tu propio goce y prosperidad.

Llámame con frecuencia, trabajo horas extras por ti. No pienses que voy a hartarme con tu compañía, pues mi obligación es contigo. Disfruto los momentos que pasamos juntos conversando, y me siento igual de tranquilo en esos instantes en los que comprendes mi misión. Soy la Luz, igual que tú, y la unión de nuestro foco de luz le brinda mucha alegría a todo el universo.

Mensaje del arcángel Gabriel

P: Arcángel Gabriel, ¿qué mensaje quieres compartir con nosotros?

R: Sabes que soy el ángel que engendra la comunicación más profunda. Mi función más importante es permitirte hablar sinceramente, para que el proceso te dé paz. Veo que muchos de ustedes expanden su horizonte, por lo que ahora están más conscientes del Espíritu. Estás asimilando rápido estos cambios, ¡apoyo tu valor!

Gran parte de mi trabajo es guiarte, con paciencia intento liberarte de las mentiras, los engaños y las medias verdades, hacia ti mismo primero. El miedo y la soledad te rebasan, y no estás dispuesto a buscar la libertad y la paz a través de tu verdad. Es ahí donde yo intervengo. Soy un poderoso aliado tuyo cuando intentas hablar a tu favor. Pero otra vez debo recordarte que primero tienes que decir qué piensas de ti y luego defenderte.

Debes empezar a hablarte con la verdad, permitirte vivir un periodo de caos y confusión para superar los diversos tipos de confusión que inevitablemente forman parte del inventario de tu vida. Con frecuencia, esperas que llegue un día del futuro lejano para analizar con cuidado tu vida, porque te preocupa que ese análisis eche por la borda todo lo que en el fondo valoras. No seas tan negligente, Sagrado Nuestro, pues tus diferentes y contradictorios deseos te provocarán confusión. La única manera de escapar es hablar con la verdad, y lo repito: primero dile la verdad a ti mismo.

Si haces un análisis claro y honesto de tu situación actual, tendrás el poder para remediar tus angustias. Pero si cierras los ojos y retrasas ese análisis, tu propio yo es el que sufre las heridas del autoabuso. ¡De ninguna manera mereces un trato de segunda! Aprovecha el día de hoy para elevar tus estándares y no temas que las situaciones se vuelvan tan caóticas que el dolor te sobrepase.

Hablarte con la verdad no significa tener que echar por la borda las cosas importantes. ¡Claro que no! Se trata de un proceso que arregla los desequilibrios que te sacaron de tu centro. Tienes guardados muchos secretos y no estás dispuesto a revelarlos ni a ti mismo. ¿Qué crees que te provocan los secretos? Piensa cómo afectan negativamente una relación, y encontrarás la respuesta. Cuando creamos barreras dentro de nuestro espacio de conciencia diciendo: "¡No, no miraré ahí!", nos dividimos. Nuestra conciencia y nuestras lealtades se dividen. Para reconciliarte con tu yo tienes que unir esa conciencia dividida, y aunque te parezca difícil y complicado, es muy sencillo. Estoy aquí para guiarte en las travesías de la autoconciencia.

Temes ver en tu interior porque te da miedo lo que puedas encontrar. Te asusta hallar oscuridad, hacer los cambios que indique tu análisis, sentir aversión hacia ti mismo por lo que puedas descubrir. Estos temores hacen que corras a esconderte de tu propio yo. Tú, que por siempre estás unido a tu Yo Sagrado, no puedes ocultarte. Sabes que una parte de tu ser es muy sagrada, y también sabes que otra parte de ti es capaz de producir oscuridad y patrones ruines. Esto es lo que evita que veas tu interior, envolviéndote con muchas tareas infinitas que te tienen atrapado.

¡Te guiaré para que abandones la oscuridad y te enseñaré la luz que habita en tu interior, Sagrado Ángel! Te sostendré con cariñosa firmeza para que no te dé miedo mirar tu Yo Sagrado. Y si confías en mí un instante, te llevaré a las alturas que sólo tú imaginas. La fe eliminará tus temores mientras yo te guío con cuidado para que analices tu interior con cariñosa honestidad.

Esto quiere decir que hagas una lista de lo que ya no necesitas. En ella puedes incluir cosas que quisieras cambiar, así como personas, lugares o situaciones que ya no necesitas para cumplir con tu misión sagrada. Quizá debas hacer cambios y nuevos planes. ¡No dejes que esto te intimide, Sagrado Nuestro! Yo te guiaré a lo largo del camino. Juntos reuniremos la luz de la felicidad en un fresco ramo de flores que compartiremos con el mundo.

En tu mundo, hablan de "limpiar el desorden" y de eso se trata precisamente. La energía se adhiere a lo viejo y te pega al pasado como si fuera pegamento. De igual forma, debes estar dispuesto a eliminar el desorden que hay en tu esencia y confiar en que la nueva luz llegará a las áreas que quieres sanar. Aunque sanar no significa "desechar". No es necesario que termines con tus relaciones, ¡sólo con los patrones de comportamiento! No tienes que deshacerte de tu casa ni de tus posesiones materiales, ¡sino de la manera en la que te controlan, como si fueras de su propiedad! La reorganización es el camino hacia una mayor libertad, es la voluntad de hablar con la verdad sobre esas áreas en las que te sientes controlado o atiborrado.

Una vez que te hablas con la verdad, primero en reconocimiento y después en plena conciencia, los siguientes pasos son muy sencillos. La parte difícil se superó y se abren otras puertas. Mientras te fortaleces con esta refrescante ola de sinceridad, tu integridad traspasa cada aspecto de tu vida. Tus relaciones brillan con más intensidad y los demás notan que el amor destella en tus ojos. Este amor es el amor que se produce cuando cuidas bien de ti, Sagrado Nuestro, y tienes el valor de enfrentarte a ti y a tu vida diciendo: "¿Dónde está la verdad aquí?"

Parte 3

Mensajes de los ángeles de la Naturaleza

Hablan los ángeles de la Naturaleza

Con frecuencia nos llamas hadas, devas y fuerzas de la naturaleza, pero no son términos nuestros, sino tuyos. Y aunque es cierto que hay diferencias entre nosotros, son menores que las similitudes. El factor principal es que todos compartimos esta misma dimensión terrestre y debemos buscar la manera de cooperar para conservar al planeta con más armonía. Quizá no te has dado cuenta del devastador problema que muchas de las grandes corporaciones han provocado con sus desperdicios y gases industriales. Niegan que hayan tenido que ver con esa contaminación, pero nosotros somos testigos de sus artimañas. Nuestra intención no es predicar la desilusión ni asignar culpas, pero sí necesitamos que nos ayudes a quitarle el terrible dolor a la Tierra.

Primero está la contaminación obvia que proviene de los residuos líquidos vertidos en los océanos, ríos y arroyos. Para nuestra supervivencia es vital que haya educación e información sobre estos problemas, pero también que tengas el valor de levantarte y hacerte escuchar para que se conviertan en sistemas ecológicos más sanos. No te descartes pensando: ¿Quién soy? Sólo soy una persona, cuando podrías hacer mucho bien tan sólo con visitar a las autoridades de un municipio. La Tierra cuenta con que tu voz se escuche en una reunión o a través de una carta.

Ya existe el conocimiento para crear sistemas con medios más ecológicos. Les dimos esta información a los sensibles científicos hace mucho tiempo; sin embargo, no están seguros de querer enfrentar a grandes empresarios que insisten en que dichos sistemas no van a funcionar. Como bien sabes, su principal motivación son la ganancias económicas a costa de la contaminación. No son "malos" en el sentido tradicional, simplemente dominan el arte de la racionalización a la máxima potencia. Están convencidos de que la contaminación que generan se solucionará más adelante, cuando sea problema de alguien más. Están agobiados por responsabilidades económicas que los obligan a cumplir metas en lugar de hacer lo correcto para no dañar el medio ambiente. Créenos, estos empresarios están conscientes del dolor que genera lo que hacen. Se los recordamos todas las noches, cuando duermen. Por eso muchos de ellos se atiborran de medicamentos, para que la inoportuna voz de la razón ambiental no aparezca en sus sueños.

Pero no queremos agrandar la situación con nuestra ira. La segunda forma de contaminación alimentada por las grandes empresas proviene de la fría atmósfera de la que huyen hasta los empleados más importantes. El descontento que produce una persona a la que le aterroriza el trabajo en una corporación, aunque sea "jefe" o "subalterno", es veneno que se vierte todos los días en la atmósfera de la tierra, y que la ahoga con su pesada gravedad. Tú, que te preocupas por el planeta Tierra y su supervivencia, puedes hacer mucho por la situación tan sólo con prestar atención a tus pensamientos y desterrar de ellos ese descontento. No estamos diciendo que entierres la cabeza en la arena e ignores tu tristeza o tu ira, ¡no, de ninguna manera! Nada más te pedimos que canalices esos sentimientos para que ya no lastimen al medio ambiente. Como ves, la segunda gran causa de contaminación se encuentra en la mente de quienes se sienten insatisfechos. Según nuestra perspectiva, no hay algo más sucio que el hollín de una mente resentida. La suciedad llega hasta el plano de la Tierra a través del oxígeno.

Por otro lado, la gratitud es lo más parecido al más bello de los amaneceres y puestas de sol. Es una flor bañada de rocío, el maullido de un gato y todas las cosas que consideres las más hermosas del planeta Tierra.

Estamos aquí para administrar este gran planeta, y tenemos mucho que agradecer. Con el corazón lleno de amor e ideas, permítenos tratar la situación con visión tranquila y fría. Deja que nuestras voces se escuchen por encima del barullo de la avaricia corporativa. Permite que hagamos lo que debemos para enfriar la ira que se cierne sobre el planeta. ¡Nuestras acciones contribuyen muchísimo para limpiar a la Tierra!

Cuando observes la naturaleza, o mejor aún, cuando camines entre nosotros cerca de los árboles, las plantas y las flores, si quieres pídenos que te asignemos labores diarias. Te guiaremos hacia tareas de suma importancia para la causa ambiental. Te abriremos puertas y haremos que los demás reconozcan tus actividades. No te preocupes por la atención que esto dirigirá hacia ti, porque estaremos a tu lado incondicionalmente. Somos magos por naturaleza y con gusto te enseñaremos nuestros secretos.

Sentimos un gran respeto hacia los humanos que como tú utilizan el poder similar al de Dios cuando se trata de tan nobles causas. No temas que los demás te malinterpreten porque, como te dijimos, estaremos ahí organizando gran parte de la situación. Confía en que nosotros nos encargaremos de realizar actividades tras bambalinas para que los demás presten atención a tus palabras y obras. Tu poder brillará para que otros lo vean, tomen nota, sigan tu ejemplo y actúen. Así, inspirarás a las personas para que se conviertan en protectores del medio ambiente, y te sentirás orgulloso de tu contribución, que en este momento es muy importante.

Nunca pierdas el contacto con la naturaleza, Adorado Nuestro, y no te alejes mucho de las plantas, los pájaros y los árboles, pues las ciudades que carecen de naturaleza son un peligro y no son buenos sitios para vivir. Cuando los edificios y las calles acaben con la naturaleza, el lugar habrá muerto. Entonces, no te sorprenda que no haya vida. Incluso los parques de las ciudades son rociados con insecticidas en exceso, lo que acaba con la naturaleza. Busca lugares donde ésta crezca de manera desmedida, pues ahí encontrarás a varios de nosotros, tus amigos. Nosotros, igual que todos los ecosistemas, somos el pegamento que mantiene unido al medio ambiente. Cuando los edificios y los pesticidas toman nuestro lugar, el desequilibrio reina en la comunidad.

Así que mantente cerca de la naturaleza, aunque sea con plantas y arbustos que te hagan sentir vivo. Visítanos con frecuencia y habla con nosotros, como lo haces con tus amigos y vecinos. Cuando te comunicas con nosotros, a través del pensamiento o en voz alta, sientes nuestra respuesta en las entrañas y la escuchas en la mente. Te hablamos fuerte, no ignores nuestros mensajes urgentes por temor a que nos hayamos equivocado al elegirte. ¡Te necesitamos! Eres tú a quien los demás humanos escucharán, y si trabajamos en equipo haremos que este capítulo de la humanidad llegue a su fin y jamás vuelva a haber contaminación.

Parte 4

Los ángeles responden tus preguntas

Preguntas y respuestas

P: *Muchas veces siento la presencia de mis ángeles y sé que quieren decirme algo, pero no sé cuál es el mensaje. ¿Cómo puedo escuchar mejor a mis ángeles?*

R: En tu corazón hay un desafío que a veces te desconcierta. Dudas y no sabes si creer en las corazonadas que te sugieren cambiar de vida y mejorar tu percepción. Dudas porque no confías en tu poder y te ves como si fueras pequeño. Tú, que eres el ser más poderoso del universo, has apagado tu fuerza con esta escasa visión.

Si te niegas a creer en los dones que Dios te dio, ¿cómo podemos penetrar nosotros, los ángeles, la barrera que levantas? Entramos a tus pensamientos con cariño, pero no podemos entregarte nuestra buena intención.

Amado Nuestro, a veces dudas si eres digno de tener una buena vida. ¿Por qué uno de los amados hijos de Dios merecería lo contrario? Aquí el problema es lo que sientes que mereces. No dudes ni por un instante de tu poder para provocar un gran cambio en tu vida con tan sólo elevar tu percepción del yo.

No mencionamos esto para borrarte la idea de humildad y ser humilde, porque no hablamos de presuntuosidad. La sensación de separación que te hace dudar que tu voluntad esté unidad a la de Dios es una forma de fatuidad. Te elevas por encima o te colocas por debajo de la creación de Dios considerándote diferente a tus gloriosos hermanos y hermanas. ¿En serio crees que Dios te haría diferente al resto de su obra?

Si distingues un don en el interior de uno de tus hermanos espirituales, entonces también es cierto que tú lo tienes. Agradece a aquellos que abrieron la puerta antes que tú porque te mostraron nuevas opciones. Soportarás que haya bien en tu vida cuando comprendas que tú no eres el creador de ella. Dios te creó y lo hizo por una buena razón. Su reino se extiende con tu resplandeciente presencia, tu luz refleja sus rayos hacia el exterior en grandes círculos de manifestación.

Cuando aceptes que eres semejante a Dios, por ende aceptarás nuestra presencia como tus ángeles. Estamos a tu alrededor, igual que las estrellas del cielo giran cerca de los planetas. Será entonces, Amado Nuestro, cuando tu corazón se abra como una enorme extensión de luz y nos deje pasar. Será entonces cuando te permitas escuchar con claridad nuestros cánticos de alabanza y útiles consejos. Entre más aceptes que tu verdadera herencia es celestial, que eres un ser envuelto en mucho amor, más dispuesto estarás a entender los beneficios que acompañan a los hijos del amor. Tu presencia en el mundo hace felices a todos los seres, ¡y queremos que sientas lo mismo!

P: *¿Cómo sé cuál es mi misión?*

R: La respuesta a tu pregunta sobre la misión siempre es la misma: "amor", aunque tal vez te parezca muy simple y vaga. Tu preocupación real es la *forma* y *dirección* de tu misión. Lo que preguntas es qué pasos debes dar y cómo puedes zafarte de las situaciones que te hacen infeliz.

Tu alma interna (yo superior) te suplica que hagas de cada momento algo importante, eso es parte del plan que Dios hizo para ti. A cada instante haz que brillen los ojos de los demás y consuela sus corazones. Usa tu poder de consuelo· para acercarte a los necesitados, y tus hábiles manos para aliviar el estrés en los planos terrestres. Utiliza tus dones y serás recompensado todos los días.

Sueñas con tener la libertad de disponer de tiempo y recursos financieros para cumplir tus más grandes deseos. Te pedimos que luches por cumplir tus sueños y dejes de verlos sólo como caprichos. Ellos son los mapas de tu misión.

Sabemos que nos haces esta pregunta porque no crees que esos sueños se conviertan en realidad. Sin embargo, quienes sueñan y cumplen sus sueños pueden testificar ante ti que la base de su éxito estuvo en el deseo mezclado con valor y acción. ¡Tienes los mismos derechos que tus hermanos para hacer realidad tus sueños, Amado Nuestro!

Simplifica tus deseos teniendo acceso a ellos ahora. Cree que están a tu alcance y así será. Cuando rezas preguntando por tu misión, de inmediato enviamos la respuesta a tu corazón. Te brindamos todo lo que podrías desear, pero te detienes en seco y te alejas del sueño y prefieres aquello que consideras "realidad". Esto ya no es necesario, Amado Nuestro.

Hoy pon en movimiento todas tus buenas intenciones. Primero, alíviate de la tristeza que tú mismo provocaste integrando nuevas dimensiones de luz a tu vida diaria. Escucha a tu compañero de trabajo, perdona a tu amigo, alimenta al animal hambriento. Bastará con cualquier acto de caridad, el cual te dará el impulso para enfrentar las situaciones existente que consideres intolerables.

Si le das nueva luz a tu vida, el valor renovado inflamará tu corazón. Usa este valor con inteligencia para dar más y más pasos que te acerquen a tus sueños. Uno después de otro, con estos pasos logras llegar a la cima de la montaña, hasta que un día estás en posición de responder a los demás la pregunta que algún día hiciste: "¿Cuál es mi misión?". Entonces estiras la mano y, como ejemplo, les muestras el camino de la alegría y la satisfacción al que se llega por el sendero de los deseos del corazón.

P: *¿Qué hago para sentirme más feliz?*

R: Es obvio que esta pregunta está relacionada con el hechizo que cayó sobre el comportamiento humano, el cual provoca que busques y encuentres tristeza. La felicidad es tu estado natural y la verdadera salud. En realidad, buscas la felicidad porque deseas llegar a la totalidad. Tienes lo que deseas, ya no hagas nada; no hay nada que buscar.

La tristeza desaparece en el momento en que ves más luz en una mejor alternativa. No puedes alejarte de la tristeza analizando sus componentes, ¡porque al hacerlo te hundes más en el lodo! Sagrado, las respuestas están frente a ti. *Sé* feliz porque ya *eres* feliz, y punto.

Es cierto que algunas circunstancias te producen una supuesta felicidad; pero esta clase de felicidad dura poco tiempo, pues creer que el poder de la felicidad radica en situaciones externas no es más que el camino seguro hacia una mayor tristeza. Igual que un hombre sediento que camina en el desierto, continuamente engañado por la ilusión de que hay agua, tú, que buscas la felicidad a través de otras personas, debes hacerlo primero en el interior de tu Yo Sagrado. Ahí la encontrarás en grandes cantidades.

Si bien es cierto que las relaciones y los objetos materiales son parte de tu experiencia humana, la verdad real reside en el aprecio que les demuestras y el placer que te producen. La persona cuyo interior está invadido por la tristeza, pocas veces encuentra la sanación en las cosas que lo rodean. Sin embargo, un cambio de rumbo en el interior de su corazón lo impulsaría a aceptar la felicidad como su estado natural. Pocas veces se le enseña a un niño esta sencilla verdad. Somos testigos de que muchas de las imágenes de felicidad de los niños están conformadas por incentivos externos.

Te aseguramos que ya *eres* feliz, y que el *placer* provocado por esa felicidad es lo que atrae hacia ti lo que buscas. Ejercita este músculo con frecuencia, y con la práctica brillará mucho más. Si lo intentas, puedes sentir la felicidad en el interior de tu cuerpo y puedes aumentar su tamaño y fuerza. Nos da mucho gusto ayudarte en este intento, recordándote con regularidad su importancia.

P: Estoy convencido de que todas las oraciones son escuchadas, pero muchas veces las mías no obtienen respuesta. Recé para que un ser querido viviera, pero de todas maneras murió. Recé para que mi matrimonio fuera feliz, pero ya me divorcié. ¿Por qué mis oraciones no son respondidas?

R: Todas las oraciones son escuchadas, lo cual significa que las peticiones de ayuda y las preguntas que requieren respuesta llegan a Dios y la creación celestial. Y dichas oraciones *son* respondidas porque reciben respuesta inmediata. El punto es que la respuesta puede llegar en forma de consuelo o consejo, órdenes o información, o lo que llamarías "intervención divina" milagrosa. Responder las oraciones no siempre significa hacer realidad tus "deseos", sino prestarte atención a ti y a la situación inmediatamente.

La oración tiene muchas aplicaciones vitales y útiles. Logra que el reino invisible se mezcle con el visible, enviándole más bendiciones a la luz. Todas las criaturas cuentan con la increíble habilidad de mandar bendiciones, les basta con estar conscientes de la presencia del amor. Sin embargo, cuando los humanos se dejan llevar por los miedos y las dudas, nuestras bendiciones los ayudan a elevarse por encima de la conciencia terrenal y llegar al Cielo, donde tiene lugar la sanación.

Entonces, cuando nos preguntas si estás bloqueado o si estás haciendo algo "mal", te respondemos que no puedes estar equivocado cuando pides en oración. No importa si sólo recitas una oración continuamente o si elevas una plegaria sincera, ¡te aseguramos que tu oración es una herramienta que funciona en *cualquier* situación!

Crees que tus oraciones no son respondidas porque los temores y las dudas evitan que percibas la luz que hay dentro de la circunstancia. Parece que muchas veces tus deseos no se cumplen porque no tienes la información que podría ayudarte a ver las maravillosas bendiciones producto del desarrollo actual de los eventos. Por supuesto que los pensamientos sagrados enviados al Cielo generan más bendiciones. Aun así, te pedimos, a pesar del resultado físico, que confíes en que el amor divino siempre producirá resultados espirituales.

Las únicas consecuencias son felicidad y amor porque nada más *es* posible. Y aunque tu corazón esté abatido por el dolor, tu mente esté atormentada por la inseguridad y tu ser esté agobiado por el peso de la soledad, siempre te ayudaremos a cortar esos cordones. ¡No abandones tus oraciones sólo porque crees que no les hacemos caso! Tú y tus deseos son muy importantes para Dios, pero influyen muchos factores; la sincronización del tiempo divino, la voluntad de otra persona involucrada y la felicidad suprema al final del desarrollo de la situación, son algunas de las razones que hacen parecer que tus deseos son ignorados.

Si confías en que Dios y sus trabajadores te brindan consuelo, ayuda y tranquilidad, abre los brazos para recibirlos. La duda y la autocompasión hacen que cruces los brazos sobre tu pecho y no puedas recibir estos obsequios.

¡Querido Nuestro, tus padres celestiales quieren regalarte el mundo! No busques nada, mejor pide y abre los brazos para recibir. Presta atención a las reacciones internas que te motivan a actuar, pues ellas son la voz de Dios que te pide que recibas. Dios es todo poderoso, es cierto, pero de ninguna manera bloquea tu felicidad; al contrario, ¡Él desea que seas feliz más que tú mismo! Lo que te bloquea es la idea que tienes de lo que te dará la felicidad. Cuando estableces condiciones para alcanzarla, pospones esa alegría para el futuro. ¿No te sentirías mucho mejor si te permitieras ser feliz hoy, en este preciso instante? ¿No ves los magníficos obsequios que recibirás? Y entre más receptivo estés a esos regalos, llegarán a ti con mayor intensidad.

No le tengas miedo a la felicidad, Querido. Nada de lo que hay en la conciencia de Dios tiene la intención de ponerte a prueba, de hacerte sufrir ni de alejarte del camino. Tú eres la máxima creación de Dios, ¡y para Él eres igual de magnífico que los demás! Permite que te demos las herramientas que necesitas para que tú también envuelvas al mundo con tus regalos. Y en el círculo infinito de dadivosidad conocerás el placer de ser un ángel terrenal.

P: *¿Existen los extraterrestres, y si es así, son buenos o malos?*

R: Cuando hablas de extraterrestres suponemos que te refieres a los seres que viven en otros planetas. Y si ésa es tu pregunta, la respuesta es: "Sí, por supuesto". Existen infinitas formas de vida en las galaxias, esparcidas como estrellas en muchas tierras. Alguna se ven y otras son imperceptibles para el ojo humano e intocables con manos humanas. Estos seres, a lo que llamarías "invisibles", habitan en una dimensión muy lejana a la tuya. Sus atmósferas no son aptas para la densa forma humana, así que se ubican en un marco diferente, muy físico según su plano de dimensión pero que podría ser considerado "inexistente" por los científicos.

¡Es una falacia visualizar las condiciones humanas y proyectarlas hacia otras especies de orígenes diferentes! Viajar en el tiempo es un concepto humano, ajeno a las criaturas y seres que viven fuera de la noción del tiempo. La "velocidad y ritmo del viaje" es otra idea humana, proyectada hacia aquellos seres cuya capacidad para viajar excede a la tuya. Así que no critiques cuando midas el desarrollo de tal o cual cultura. Ve con inocencia lo que son, seres como tú dentro de diferentes culturas, con diversos niveles de capacidad.

¿Preguntas si los extraterrestres viven entre ustedes en el planeta Tierra? ¿Te sorprendería que la respuesta fuera negativa? Tal vez te parezcamos muy atrevidos, pero lo cierto es que quienes viven en la tierra son terrestres; serían extraterrestres si *no* vivieran en el planeta. Muchas creaciones que habitan en el planeta tienen origen extraterrestre, incluido tú. Eres de otra dimensión y tu origen no es físico. No puedes escapar de esta verdad, no importa que estés muy lejos de comprenderla.

En cuanto a visitantes de otras dimensiones se refiere, claro que llegan a la atmósfera de la tierra con varias misiones.

Nosotros nos encontramos entre ellos, venimos desde el reino de los ángeles, y sí, hay visitantes de otras dimensiones que "están de paso". Muchos son científicos que buscan pruebas de la existencia de los humanos, porque, verás, en otros planetas hay rumores de que existe tu realidad. Así que muchos han intentado demostrarlo enviando visitantes a la Tierra. Aquellos que pudieron entrar a tu dimensión gracias a sus capacidades de percepción, se concentraron en estudiar a los humanos e hicieron informes que llevaron a casa. Otros, que fueron incapaces de verlos debido a sus limitaciones de percepción, informaron que ustedes no existen.

Cuando hablas de "realidades paralelas" te refieres a las varias y diferentes dimensiones, unas son físicas y otras no. Algunas de las "dimensiones superiores" son inaccesibles para los humanos, aunque a través de tus sentidos psíquicos puedes crearte una idea de cómo son esos seres. Son benévolos, y sí, puedes confiar en ellos porque todas las dimensiones superiores operan a partir del amor, de lo contrario no existirían. Sólo los seres de orden inferior pueden vivir sin amor, pero entonces su eficacia se ve severamente afectada, así que no tienes por qué temerles.

P: Pareciera que los delfines no son seres terrestres, quisiera saber cuál es su origen y si tienen una misión especial en la Tierra. ¿Los delfines ayudan a la gente?

R: Nos da risa porque conoces la respuesta, pero preguntas porque te cuesta trabajo creer que es real. ¿Creer que estos seres dulces y poderosos pudieran tener otro origen rebasa la razón humana? ¿Por qué tendrían un origen diferente al tuyo?

El origen de tu raza es celestial. Todos los seres que capta tu ojo humano son de origen celestial porque la atmósfera de la Tierra es densa y cruel y no es la adecuada para su creación. Los seres que se originan aquí tienden a ser crueles y densos —no inferiores, que te quede claro— porque son el reflejo del ambiente en el que se crearon.

En los delfines reconoces el reino del que provienes. Su alegre risa, su suave modo de andar que agita las olas y sus dulces almas te recuerdan a tu hogar celestial. Y sí, ésa es la información que traen a este planeta, que tu origen está fuera de los muros de tu entorno. Los delfines te recuerdan esto, pero también cuál es tu misión. Por eso los quieres tanto. La razón sagrada por la que están aquí es consagrar al planeta con la luz que tanto necesita, bañando a todos los seres que lo habitan con una dosis sana de la luz y luminosidad del Cielo.

Procura pasar tiempo con los delfines en meditación. Le dan mucha energía al planeta en este momento, y quienes lo decidan pueden beber de su pozo, basta con que lo deseen. Aunque te encanta estar físicamente con tus amigos los delfines, no es necesario retrasar esa conexión en espera de que se dé un encuentro físico, pues los delfines cumplirán tu deseo de comunicarte con ellos mentalmente. Extenderán su esencia para encontrarse contigo, en cualquier momento y de cualquier forma.

Doreen, a ti te corresponde hablar de los delfines a mucha gente porque estos seres están más en contacto con personas que confían en sus sentidos físicos de la vista y el tacto que nosotros, los ángeles. Quienes necesitan una prueba física de las palabras de los ángeles extenderán las manos para tocar a los delfines y las retirarán convertidos en creyentes. Los delfines mueven montañas y fortalecen la fe, y entre más gente nade con ellos, mejor. Escucha los gritos de los delfines, que le piden a nuestras almas que los acompañen a las profundidades, hasta que lleguemos a la verdad que reside en nuestra esencia, nuestro ser. Permite que los delfines sean símbolo de paz. Deja que los delfines sean tu modelo de *felicidad.*

P: *Con frecuencia me siento cansado, como si no descansara bien, aunque duermo ocho horas diarias y tomo siestas en el día. ¿Por qué casi siempre estoy cansado?*

R: Tú, que estás agotado a causa de tu rutina diaria, has perdido la noción de esos momentos que no se repiten. Dejaste de ver a las mariposas volando en las flores, a los gatos que se frotan en tu pierna, y a las nubes que forman infinidad de figuras. Tu concentración en metas futuras se ha robado la alegre picardía de estos momentos. Como vives en el futuro, no eres capaz de echar mano de los recursos que recargan tu energía.

En lugar de eso, tu pensamiento es: "Me sentiré mejor en cuanto...", y entonces le pones condiciones a tu felicidad y vitalidad futuras. ¿Por qué no mejor piensas que eres feliz hoy? ¿Por qué retrasas lo inevitable? La felicidad actual evitaría que te concentraras en el futuro, pero te permitiría dedicarle tiempo a tus más grandes deseos... entiende que ya eres feliz.

Complicaste tu vida porque crees que necesitas muchos factores para ser feliz, algún día. Si en lugar de eso te permitieras sentir el placer de la simple felicidad de este momento, eliminarías de tu vida las complicaciones innecesarias. A través de la simplicidad puedes aligerar la carga de tu saturado horario y el peso de tantas posesiones físicas.

P: Me siento atrapado en un empleo que nada significa para mí. Lo que realmente quiero es hacer algo por el mundo, pero no puedo darme el lujo de dejar mi trabajo. ¿Qué hago para cambiar de empleo, o para que mi trabajo actual sea más satisfactorio?

R: Tu intención ya marcó una distancia entre tú y tu empleo, y te ayudaremos a guiar su curso hacia la dirección que elijas. Cuando el corazón te empuja suavemente para que hagas un cambio, tienes la opción de hacerle caso o ignorarlo. Si decides hacerle caso es porque reconoces tu insatisfacción. Es ahí donde entran las oraciones, cuando pides ayuda para crear el cambio. Es necesario que no pienses en cómo sucederá, pues la sabiduría infinita tiene mucho de dónde escoger, y no querrás guiarla hacia una opción menos satisfactoria por insistir en algo. Así que haz oración para que tu trabajo tenga significado y te produzca satisfacción, después siéntate y espera a que las instrucciones lleguen a tu interior. Si trabajas en equipo con los guías celestiales, los cambios *se presentarán* de manera monumental. ¿Por qué sería de otra manera si nada detiene a las fuerzas del Cielo?

Ahora, ignorar el llamado de tu corazón es un asunto totalmente diferente, y es entonces cuando la insatisfacción entra a escena. Mientras fluyas con el río de las instrucciones divinas, tu corazón se llenará de alegría desde el primer día y hasta que el cambio se haya dado por completo.

Pero si nadas en la duda, la inseguridad o la indecisión, interrumpes el flujo del río de la ayuda celestial. No pienses en la imagen oscura del miedo, mejor ve en tu interior ahí donde la luz siempre brilla con intensidad. Llenaremos tu corazón de valor, tranquilidad y motivación.

Cuando afirmas que no puedes cambiar una situación por esta o aquella razón, adoptas esa realidad como propia. No podemos interferir en tu decisión, pero sí podemos recordarte que nada interfiere con el cambio guiado por el Divino. Así que no te aferres a las ilusiones de las trampas económicas, mejor entrégaselas a Dios, ¡pues Su reino no conoce límites!

Los cambios se darán con la rapidez que toleres; si lo crees necesario, siempre puedes fluir con más lentitud. Pero si lo que deseas es un cambio instantáneo, entonces así será, pues quien decide es tu corazón.

En esta época de transición, por tu bien es importante que te concentres en los cambios que suceden en tu interior y en la situación. No culpes a otras personas por las circunstancias, mejor ve la verdad que siempre habita dentro de todos y cada uno de los seres de luz y amor divinos, incluido tú. Mira la alegría interna de todos, a pesar de lo que sugieran las condiciones externas. Si percibes la santidad que hay dentro de cada cual, verás esa divinidad en tu ser con mayor facilidad. Esta elevada imagen te ayuda a llegar más alto que nunca para que te sientas bien con tu nueva situación. De lo contrario, la imagen de que eres "menos" hará que camines con insatisfacción cuando llegues a tu nuevo destino.

Entonces, permite que la sanación sea interna y externa. Deja que el cambio en tu estado-Dios llegue a toda tu conciencia para que atrapes su esencia en el plano físico.

P: *Tengo mucho tiempo sin pareja, sin una relación de verdad. No dejo de rezar para que llegue a mi vida mi alma gemela, ¡pero hace un año que no salgo con alguien! ¿Qué bloqueo impide que conozca a mi alma gemela?*

R: Nuestra intención es ayudar a quienes están solos y con miedo. El temor a estar solo es la principal barrera que te impide cumplir tu deseo de contraer matrimonio. Alejas ese deseo con tus acciones, las cuales son originadas por el miedo a la soledad. Pero a lo que realmente temes es a no ser digno de amor, y este temor opaca la intensidad de tu brillo. Atrae a tu amado con la certeza de que conoces tu naturaleza, que es semejante a la de Dios. ¡*Entiende* que eres un precioso hijo de Dios! Esa certeza es la que atrae a ti lo que deseas y mucho más.

Piensas que tu temor de no valer nada está oculto, pero resulta que todo el mundo lo ve. Ese miedo envía una señal que se encuentra en las muchas circunstancias que han reforzado el temor. ¿Ahora entiendes que tu pregunta sobre si eres o no digno de ser amado atrae respuestas del universo que apoyan la imagen que tienes de ti mismo? Vuelve a pensar y acepta el nuevo grupo de experiencias que se te entregan. El mundo reforzará el grado de atracción que crees que posees. Todo es cuestión de creer. Confía en nosotros, *Querido Nuestro. Eres* totalmente digno de ser amado, pero hasta que te lo creas conocerás la verdad.

P: *¿Cómo sé si mi actual pareja es mi alma gemela o no?*

R: Nos hacen esta pregunta una y otra vez, pero sabemos que la pregunta real es: "¿Existe alguien con quien seré más feliz y me llevaré mejor? Saber si esa persona es tu alma gemela o no, no tiene que ver con la pregunta real, pues ni siquiera un alma que forma parte de grupo de almas del Cielo puede asegurarte que te dará la felicidad que buscas.

La compatibilidad tiene que ver con intereses y prioridades, las cuales dependen de la relación en cuestión. Es imposible que dos compañeros compartan capacidades e intereses idénticos, aunque sus diferencias pueden resultar "similitudes" que generan un clima de compatibilidad. El elemento clave es la confianza. Si confías, lo demás se da fácilmente. La confianza se construye y crece en la medida que uno demuestre lealtad al otro, y asegura el crecimiento de tu lazo de amor.

Si confías, te sientes libre para compartir con el otro lo que hay en tu corazón. Descansas porque sabes que lo que estás compartiendo es recibido con respeto y sin críticas. Sin confianza, dudas por un momento porque no estás seguro de poder compartir con el otro. ¿Quieres crear un lazo de confianza más fuerte con tu pareja? Entonces empieza por compartir con ella lo que hay en tu corazón: tus sueños y deseos. Después, escucha lo que tu pareja comparte contigo.

Escúchense en silencio y con paciencia uno a otro, sin criticarse ni despreciarse. Con frecuencia, las parejas usan sus temores para levantar barreras y no prestar atención a las angustias y los sueños de sus compañeros. Se oyen uno a otro pensando: *¿Y cómo me afecta eso?* Sin embargo, si escuchas en silencio, te darás cuenta que los planes de tu pareja se adaptan en armonía contigo. Si no se desarrollan en armonía con los tuyos, es una señal de que ya no hay motivo para estar juntos.

De igual forma, si descubres que tu pareja no merece que confíes en ella porque te traicionó o criticó, no dudes en enseñarle que los elementos que componen a la relación son importantes. Si se niega a hacerte caso –y si tú estás muy seguro de que estás hablándole con respeto, confianza y amor– entonces tendrás que considerar que tu relación ya no tiene remedio. Si llegas a ese punto, voltea al Cielo y pídele a tu alma interna (Yo Superior) y a nosotros, los ángeles, que te guiemos. En nosotros sí puedes confiar. Somos totalmente dignos de tu confianza, si es que estás dispuesto a confiar *tus* sentimientos. Algunos de ustedes se han alejado tanto de su mecanismo interno, que ya no saben qué se siente tener confianza. Así que permítenos mostrarte los pasos para recuperar la fe y la confianza, Querido. Te guiaremos a casa, pues tu alma es confiada por naturaleza, y es tu alma lo que queremos que conozcas.

P: *Estoy pensando en iniciar un negocio propio, pero no sé si es lo correcto. ¿Me conviene trabajar por mi cuenta?*

R: Sueñas con trabajar por tu cuenta para escapar y tener libertad, y en muchos sentidos, tienes esas cualidades. No obstante, debes analizar tu sueño de manera que si te lanzas a trabajar por tu cuenta, sin mitigar tu entusiasmo con una sana dosis de realismo, sepas que tus sueños pueden terminar antes de tener la oportunidad de florecer. Necesitas descansar y alejarte, eso es un hecho. *Tómate* un periodo de descanso para que estudies tus opciones sin tensión ni estrés. Debes dar este paso de inmediato. Sólo una mente despejada recibe con claridad la guía para emprender tan importante aventura.

Es cierto que, sin importar cuáles sean las consecuencias de tu decisión laboral, ganarás experiencias y perspectivas invaluables. Todo lo que haces tiene el potencial para apoyarte, económica y emocionalmente. Sin embargo, te pedimos que tengas cuidado y no te lances de cabeza hacia el autoempleo sin haber tenido un periodo de descanso para que se te baje la emoción y lo analices con otras perspectivas y conocimientos.

Te sugerimos esto: Sé muy honesto contigo en cuanto a los aspectos que estás considerando. No pienses sólo en el dinero que vas a ganar, o en las oportunidades que tendrás de ser libre, porque puedes encontrarte con callejones sin salida y más trampas en forma de deudas y asuntos legales. Mejor concéntrate en dar servicio de tal manera que te produzca gran placer y alegría. Cuando prestas servicio, te alimentas de muchas formas. Primero, recibes las bendiciones y gratitud de la gente, y no subestimes el poder que te da ser beneficiario de esas dos fuerzas. Segundo, el universo se alimenta de tu servicio, por lo tanto a cambio *debe* alimentarte. Dada la gran expansión de poder y tamaño del universo, es muy probable que seas tú quien más se beneficie con ese intercambio. Tercero, cuando realizas muchas actividades agradables, el entusiasmo y la emoción abastecen tu combustible interno.

Vemos que muchos de ustedes abren un negocio y esperan alegremente a que lleguen los clientes. Cuando éstos no llegan, tus frustraciones crecen y empiezas a dudar de tu sueño. Nos damos cuenta de que muchos dueños de negocios desarrollan auras de negatividad, y sienten un gran alivio cuando su negocio cierra tiempo después. No lamentes los cierres, mejor entiende que son la decisión que tomó un dueño harto del negocio que deseaba que desapareciera. Los negocios que prosperan son aquellos que producen alegría y emoción a sus dueños. Las personas que sienten esta alegría envían ondas de amor que invitan a los clientes a volver una y otra vez. No obstante, para conservar ese fervor, es necesario que el dueño "esté en el presente", como tú dices, para reevaluar constantemente los planes de trabajo y materializar los deseos e ideas creativas del corazón.

Presta servicio de inmediato, no esperes a dejar tu actual empleo pues hoy tienes muchas oportunidades de dar con alegría. Basta con que pienses que te gustaría encontrar esas oportunidades, y el mundo te las presentará enseguida. Entonces probarás el dulce néctar de la acción de dar y recibir.

En el último de los casos, *trabajas* por tu cuenta porque tú decides las opciones de empleo que tienes. La decisión de trabajar para otros es tuya, lo que te convierte en el jefe de tu horario y forma de trabajar. Tú eres la fuerza que te empuja a buscar empleo por dinero o por pasión, es *tu* decisión.

P: *¿Por qué constantemente tengo la sensación de urgencia?*

R: Tu conciencia interna te dice que no estás completamente comprometido con tu misión, y envía señales para llamar tu atención. Aunque tu alma existe en un universo eterno, también está programada para completar esa misión en el lapso que dure tu vida. Por lo tanto, funciona dentro de los confines del tiempo mientras realiza labores que desafían las reglas tiempo-espacio de la Tierra. Esto es porque el alma no está regida por las directrices terrestres, sólo el cuerpo cumple con estas medidas. El cuerpo eligió un destino finito según el tiempo de la Tierra, y el alma le pide que haga cosas para cumplir con la misión de ésta y darle alegría al cuerpo.

En tu plexo solar, que está cerca de la región del estómago, con frecuencia experimentas una sensación de tensión y terror. Es un estira y afloja que, por un lado, te obliga a reaccionar y hacer contribuciones importantes a la Tierra, y por el otro, te provoca una fuerte sensación de miedo y duda. Tu alma es la que estira y el miedo del ego es el que afloja. Parece que ambos luchan por apoderarse de tus actos, pero la voz del alma es tan fuerte y te llega tan hondo, que te es imposible ignorarla.

Tú, que no haces caso a las señales que el alma te envía para crecer, dar, enseñar y sanar, no puedes callar su hermosa voz. Puedes ignorarla a nivel consciente, pero tu sabiduría interna escucha los llamados del alma muy fuerte y muy claro.

En lugar de rezar para que tengas más tiempo para hacer otras cosas, mejor pide ayuda para calmar los temores que alimentan los dictados del ego. Pídenos a nosotros, los ángeles, que aumentemos la dulce voz del alma y avancemos alegres en unión con sus directrices. *Tu alma te protegerá* y te dará la cariñosa y clara guía que buscas. Te ayudará a salir de las trampas en que te sientes atrapado.

P: *Siento que estoy bloqueado de alguna manera. ¿Pueden decirme qué me bloquea y cómo puedo eliminarlo?*

R: Querido, esta pregunta se origina por la sensación de que una fuerza oscura impone su voluntad sobre la tuya. Y en el caso de ciertos bloqueos, se trata del simple temor de avanzar hacia la luz. El miedo a la felicidad crece desenfrenadamente entre muchos humanos y se deriva de una profunda desconfianza que pocas veces entiendes. Por lo general, lo desconocido te asusta porque no sabes qué puede traer consigo. Entonces, te aferras a lo que conoces, aunque sea fuente continua de dolor.

Cuando quieres escuchar la voz del Divino, o comunicarte visualmente con el Espíritu, y no escuchas ni ves, es tu timidez quien lo impide porque se encoge ante la grandeza. ¡Amado Nuestro, tú también eres magnífico, poderoso y fuerte! No le temas a tu grandeza, mejor permite que la reflejemos durante nuestras comunicaciones. Si percibes visualmente nuestra grandeza con los oídos bien abiertos a la voz del amor, entonces presencias tu propia divinidad.

¿Ves, entonces, que los bloqueos nada más son otra forma de decir que te da miedo ver tu yo sagrado en el espejo? Te proteges por temor a lo que pudieras ver, imaginas que tu reflejo será el de un horrible monstruo. Por eso no te animas a verlo y le echas la culpa a un "bloqueo" desconocido por la situación.

Los bloqueos se vuelven realidad cuando piensas en ellos en un estado constante de conciencia. ¡Alimentas el bloqueo afirmando su presencia continuamente, y entonces lo vuelves real y lo agrandas! Así que en este preciso momento, ignora la aparente presencia del bloqueo. Míralo con luz nueva, como si fuera una piedra en el camino que te hará aprender de los temores y dudas de los otros para que sientas más compasión por un hermano o hermana que sufre igual.

Quédate con tu grandeza, sabiendo con certeza que la compartes con todo el mundo. Tú, que reconoces tu divinidad, estás obligado a despertar ese reconocimiento en los demás. De la mano de Dios, acercaremos a ti a la gente que está en busca de su divinidad. Les enseñarás su grandeza, y las proezas que harás para lograrlo serán muchas y variadas; disfrútalas todas porque te dejarán ricas experiencias. Sumérgelas y renuévate con frecuencia en nuestro pozo.

P: *¿Cómo sé cuando una relación terminó y es hora de seguir adelante?*

R: Una relación se vicia cuando la comunicación no está impregnada de verdad y frescura. Piensa cómo es una relación joven, que inicia; compartes lo que hay en tu corazón y dices con alegría: "¡Yo también!", buscas semejanzas con tu nueva pareja y te pones feliz cuando las encuentras.

Una relación se vicia cuando te concentras en buscar diferencias que te distinguen de tu compañero o compañera. La desconfianza hace que no estés seguro de compartir con el otro lo que hay en tu corazón. No sólo se privan mutuamente de su cándida naturaleza, sino también de su energía. La energía no compartida aleja a uno del otro.

Pero, a veces, una relación viciada puede revivir iniciando un proceso similar al de estar con una pareja nueva, en el cual compartes lo que hay en tu corazón sin malicia. Este acto, en el que dejas al descubierto tus esperanzas, sueños y aspiraciones –sin recibir críticas de parte de tu pareja– puede sanar una relación enferma o moribunda. Vaya que vale la pena hacer ese intento para ver si tu relación revive.

En el fondo, cada relación tiene un objetivo. A veces, es enseñarnos una lección personal, como paciencia o comprensión. Otras, nos ayuda a cumplir nuestra misión. Nunca nos involucramos con alguien por casualidad, pues hasta las relaciones "informales" nos dan lecciones y nos dejan enseñanzas. Sentimos la más grande de las emociones cuando nos damos cuenta de que estamos con una pareja con quien compartimos una conexión. Esta conexión o atracción es una señal de que la unión tiene un propósito. Mientras la relación lo cumple, sientes atracción; pero cuando se alcanza la meta, la atracción desaparece. En ese momento debes decidir si le pones fin a la relación, la llevas más tranquila o continúas con ella desde otra perspectiva.

No obstante, durante esa relación compartiste tu tiempo con un maestro sagrado, pues tú también eres uno. El tiempo que pasas con una persona, aunque sea mínimo, es igual de valioso que el que dedicas a la persona con quien vives hasta la eternidad. Nadie es más o menos importante en la historia de tu vida. Todos te obsequian algo, que colocan a tus pies al final de la relación. Lo mejor es tu gratitud hacia los hermanos y hermanas con quienes compartes momentos.

Entonces, ¿cómo sabes cuando una relación termina? Lo sabrás cuando seas infeliz por mucho tiempo y hayas tratado de comunicarle ese descontento a tu pareja sin éxito. Si no estás satisfecho, tu pareja ya no te atrae y no existe el menor deseo de estar juntos, entonces es momento de que cada uno siga por su lado. No querrás evitar que tu pareja, o tú mismo, encuentren a una persona que coloque la pieza central del rompecabezas. Ayúdense mutuamente discutiendo las opciones, incluyendo la posible separación, para que creen un vacío que la naturaleza pueda llenar con relaciones nuevas.

P: ¿Qué opinan los ángeles de la homosexualidad?

R: Esta pregunta tiene relación con lo que está bien y lo que está mal, así que responderemos con base en lo que ustedes los humanos llaman "derechos inalienables". Entre ellos está el derecho que tienes a elegir y decidir sin barreras ni restricciones. Pero más que un derecho es una necesidad de superar barreras para no tener límites y ser libre. Esto aplica tanto a tu derecho de expresión como a la naturaleza de tu orientación sexual.

El origen humano inicia cuando los seres humanos sembraron por primera vez la idea de independencia consciente en su mente. Esto provocó la creación de la idea de planetas y espacios donde tendrían la libertad de explorar su universo consciente. Cuando los humanos llegaron por vez primera a este maravilloso planeta, no estaban acostumbrados a tener el control de sus vidas a tal grado. Así que inventaron ciertas dependencias, de esta manera se restringieron con reglas y reglamentos. Éstos se crearon debido a la inherente desconfianza que los humanos sentían hacia su sistema de guía interno.

El cuerpo que posees es parte de este experimento masivo restringido, en el que los humanos desean lograr la independencia con el control de su libre albedrío. Entonces, sin darse cuenta se limitan metiendo su alma en un recipiente, que es el cuerpo, y después concentrándose en mantener ese cuerpo. Ese ejercicio es una manera de distraerse del punto central de la esencia de los seres, el poderoso amor que habita en su interior.

Tú, que *eres* amor divino, no soportas no tener la conciencia del amor. Sin embargo, cuando la confusión reina en la fuente que produce un vacío, intentas llenarlo con el cuerpo. Entonces, tienes necesidades como el apetito para satisfacerte. No obstante, la saciedad del cuerpo siempre es temporal, mientras que la del alma es eterna.

Por eso no participamos directamente de la naturaleza de tu sexualidad y otros apetitos, a menos que alejen tu atención del amor divino que reside eternamente en tu interior y en el de todos los seres. Cuando tu apetito levanta barreras para el amor, entonces intervenimos, primero con sutiles recordatorios sobre la naturaleza de la felicidad y después con otros más específicos relacionados con tu hogar celestial. Vergüenza y culpa no están en nuestro vocabulario, es tu ego el que te enreda en esas situaciones poco afectuosas. Tú, que fuiste totalmente creado con base en el amor, no soportas durante mucho tiempo lo que no tiene amor.

La naturaleza de tu orientación sexual, por lo tanto, es lo último que nos preocupa. Nuestro mensaje principal es básico para tu nivel actual de felicidad: Ya eres un ser divino de Dios, no necesitas, ni es necesario que hagas algo para llegar a ese estado. Nada ni nadie puede erradicar tu sagrado linaje como hijo o hija de Dios. Sin embargo, tú decides lo que quieres hacer con la *conciencia* de tu existencia. Tienes derecho a crear el nivel de existencia que desees, no importa si tiene que ver con la persecución, la vergüenza o la culpa, o si es una existencia de servicio y devoción a la Luz que brilla en tu interior. Nuestra misión es básicamente apoyarte, y pide nuestra ayuda para que te protejamos de las tormentas que tú mismo creas. Jamás dejaremos de amarte, ni ahora ni nunca. Con base en el amor divino, sabemos quiénes somos en relación con tu yo sagrado: uno con nuestro Creador infinito, que es Dios eterno.

P: *¿Cómo sé si debo mudarme de casa?*

R: Cuando sientas necesidad de transformar el ambiente en el que vives, debes considerar varios factores. Primero que nada, analiza si realmente es tu alma interna (yo superior) quien te sugiere el cambio. Si el deseo proviene del Divino, tu alma interna se asegurará que recibas el mensaje con claridad y encontrarás muchas señales que indiquen que debes mudarte. Sentirás una urgencia que nada la calmará. Aunque también puede suceder lo opuesto, que el ego tome esa forma en un continuo esfuerzo de colocar la felicidad en una casa futura. Como ves, el ego intenta convencerte de que mudarte es lo que más te conviene, cuando lo que realmente hace es crear agitación en muchas áreas de tu vida. Quedarte arraigado evita que disfrutes de muchos recursos muy valiosos, y te toma mucho tiempo de la Tierra recuperarte de eso. Aunque en algunos casos, esa decisión es la encarnación de "adiós a lo viejo, bienvenido lo nuevo".

Entonces, tu tarea es escuchar la voz que sugiere que te mudes y analizarla con detenimiento. ¿Quieres mudarte para escapar? Eso es el ego. ¿El cambio de casa te acercará más a Dios? Esta es tu alma interna dirigida por el Divino. Considera alternativas, como arreglar tu casa para crear la sensación de que es nueva. Pide la asesoría de expertos para que vayan al lugar donde resides actualmente y puedan volverlo más acogedor y agradable.

Cuando la idea de cambiarte de casa viene del Divino, no dudarás porque la necesidad será tan fuerte y se alojará con tanto cariño en tu mente, que no habrá espacio para las dudas. Cuando la idea de cambiarte de casa viene del Divino, sabrás con mucha certeza que tu presencia es *necesaria* en otra comunidad. Serás *arrastrado* a tu nueva casa, y no sentirás que estás *huyendo* de tus condiciones actuales. Sólo gracias a esta atracción sabrás qué debes hacer. No quieras forzar u obligar el cambio, porque entonces el resultado será una transición temporal. Reza, espera y escucha nuestros consejos, que te brindaremos abrigados por las alas del Cielo.

Te *ayudaremos* para que la situación actual en la que vives te dé paz, comodidad y felicidad terrenales. Te guiaremos para que sepas cuándo es el momento adecuado para mudarte y a dónde. Hasta que no tengas esa certeza, te pedimos que afrontes con paz la situación actual en la que vives. Sigue adelante, en espera de que tu alma interna tome la firme decisión de mudarse. Si esperas con paciencia, te prometemos que el cambio se dará con calma y en armonía, y todas las puertas se te abrirán.

P: *¿Qué pasa cuando alguien se suicida?*

R: Cuando las almas deciden anular el dolor acabando con la fuerza de vida de sus cuerpos, es porque el ego las incita a escapar. El mejor mecanismo de escape es intentar huir del plano de la Tierra dejando de existir. Este plan no funciona, pues como sabes, la conciencia no muere, aun cuando el sistema respiratorio del cuerpo se detenga.

Entonces, las almas llegan conscientes a un estado superior de conciencia cuando abandonan el cuerpo. Nuestra presencia alivia el dolor, pero vuelven a sentirlo en el momento en que el alma presencia la pena que sufre su familia terrestre y el dolor que su acto les provocó. El alma llora igual que tú y el más profundo de los arrepentimientos la hace sufrir. Esta pena es la esencia de lo que ustedes llaman infierno, a donde se supone que llegan quienes se suicidan.

Es mentira que esas almas sean castigadas o juzgadas, pero muchos de los que cometen este acto se castigan y se juzgan a sí mismos con severidad. ¡Y por eso sufren! Tú, que sobrevives a estos seres, puedes ayudar muchísimo dejando de lado la ira, el temor y la culpa que te produce la situación, y concentrándote en dar amor y sentir empatía por todos.

Dale a las personas involucradas el regalo de envolverlas en un aura de luz muy blanca. Visualízalas flotando en una esponjada nube de compasión. No te preocupes por la seguridad o tranquilidad de tu ser querido, y no te pierdas pensando en lo que pudo ser. Deja que la comprensión reemplace a la culpa y permite que el amor sane las heridas.

Siempre que un alma se suicida, se envían más ángeles para que acompañen a la familia, pues el Cielo entiende bien las dificultades a las que se enfrentan las encarnaciones en la Tierra. Y aquellos que quieren escapar, saben que además del suicidio hay más opciones. No obstante, hay personas que no saben que existen estas opciones y consideran que el suicidio es su única vía de escape. Ten compasión por su decisión, Amado Nuestro, y entiende que son individuos que están aprendiendo, igual que tú. Aunque en muchos aspectos podrías pensar que su acto es "egoísta", lo que esas almas quieren es ayudarte alejándose de tu ambiente; pues quienes cometen suicidio sienten que su familia no los ama y que no son dignos de su atención. Esas almas quieren eliminarse por completo, y una vez que toman la decisión, pocas veces buscan una solución diferente a la que su mente se fijó.

Entonces le quitan la vida a su cuerpo, a veces de manera cruel y otras lo planean con mucho cuidado. Una vez que el daño está hecho, a nosotros no nos corresponde decidir qué está bien y qué está mal. Nuestra única responsabilidad es sanar la situación con oración, amor divino y comprensión.

Queremos que sepas que tus seres queridos están siendo atendidos, no importa si están en el plano físico o con nosotros, en el mundo espiritual. Los envolvemos con nuestras alas y los sujetamos con una fuerza poderosa que los hace sentir seguros y amados. No abandonamos a tus seres queridos, ni a ti. No importa qué acciones físicas realicen los humanos, nuestro amor es incondicional. Sabemos que la muerte no es el final y que el dolor no es real ante el amor. Una vez en el cielo, tus seres queridos difuntos se dan cuenta de lo mucho que los amaste, y aún amas.

E incluso en la más dolorosa de las situaciones, te enviamos dosis adicionales de luz de amor. Sé amable contigo, Querido, y no olvides que vives cerca del corazón de Dios.

P: *¿La vida realmente se basa en el libre albedrío o todo está predestinado?*

R: Tienes la libertad de usar tu libre albedrío y decidir si sigues o no el sendero que te corresponde. Sí, por supuesto que existe el libre albedrío, y sin embargo a veces eliges no ver la vida así. ¡Y esa percepción es decisión del libre albedrío! Te proteges con la armadura de "víctima" para fingir que no fue tu culpa que tomaras malas decisiones. Entonces, dejas de sentir la filosa flecha en la herida que sangra a causa de las decisiones que tomaste. Repetimos, un factor externo elimina el poder de cambiar esas decisiones erróneas; se requiere de fuerza interna para interrumpir una situación que se desvía del camino del amor.

No hay "personas malas" sólo elecciones equivocadas. Tampoco estamos diciendo que hay decisiones totalmente buenas o malas, ¿quiénes somos para criticar esa causalidad? Pero hay opciones de amor y opciones de temor; estas últimas siempre producen tristeza, mientras que las primeras conservan la paz en la conciencia.

¿Ves, entonces, por qué es una mala opción creer que los demás son responsables de tus decisiones equivocadas? Esta percepción surge de los miedos y produce tristeza y abatimiento. ¿Para qué intentarlo si no eres más que una víctima de circunstancias externas y gente cruel?

Mejor piensa en adoptar la total libertad. Tú, que tienes un poder tal que ninguno otro se le asemeja, no eres menos poderoso que Dios. Tu voluntad jamás se separa del Creador porque está en el mismo nivel que la suya. Nosotros, que fuimos asignados para cuidarte, venimos directamente de la misma mente magnífica que está en el interior de cada uno. Nunca ha habido una separación y jamás podrá haberla.

"La ley del libre albedrío", de la que hablas con frecuencia, es más un "tema" que ley. La palabra *ley* implica que puede violarse, y en este caso no es así. El libre albedrío no puede obstaculizarse ni violarse, pues es la naturaleza de nuestra creación. Nada de lo que es creado puede destruirse.

Por ejemplo, el proceso de comprensión de cada oración que lees está relacionado con el libre albedrío, porque eres libre de interpretar nuestras palabras de mil formas. Nosotros te suplicamos que escuches al amor que hay en tu corazón y que no olvides lo que habita en tu interior, pero nada más. No podemos amarrarte las manos ni obligarte a que sirvas a tus congéneres, los humanos. Aunque sí podemos interrumpir las acciones originadas en el miedo con el recordatorio de que la tranquilidad está en otra dirección.

El plan que Dios hizo para nosotros no es precisamente un plan, sino una realidad sugerida que no tiene alternativas. La felicidad de nuestro Creador llega a toda la creación y la tristeza existe por el olvido. Estás en esta alegre realidad y ya no necesitas buscarla.

¿Ves que tu pregunta fue respondida con una doble explicación? La voluntad y la felicidad de Dios se crean sin posibilidad de cambiarlas. El libre albedrío existe porque simplemente tienes la capacidad de elegir entre esta felicidad y una realidad diferente de tu propia creación. Estamos contigo por si acaso te decides por la última, ¡pues en la felicidad de

Dios no es necesario que los ángeles te rescatemos del miedo! No existen problemas que necesiten eliminarse, y tampoco hay carencias. Sólo lo que refleja un temor mortal requiere nuestra ayuda. En el reino perfecto de Dios nada necesitas.

P: ¿Cómo puedo saber si mis seres queridos difuntos están bien?

R: Tus preocupaciones por tus seres queridos son básicamente una proyección de culpa. Te angustia que hayas cometido errores y que tus seres queridos te guarden rencor por eso. Temes que hayan sufrido durante su deceso y no sabes si ya dejaron de existir.

La muerte de un ser querido es sin duda un duro golpe para quienes le sobreviven, pero no para las almas difuntas, quienes cruzan las barreras del dolor y el sufrimiento. Ya no les importa su identidad porque están rodeados de seres celestiales que les recuerdan el amor que Dios les da. Ya tampoco se preocupan por el futuro porque ahora viven en la eternidad. Y aunque hayan sufrido en su vida terrestre, ya están liberados. Borraron el recuerdo de esas penurias y piden que tú hagas lo mismo por ellos.

¡No pienses que no diste a tus seres queridos consuelo cuando estaban vivos! ¡No imagines que su sufrimiento o su muerte es culpa tuya! Pues cada cual tiene una marca que le indica que es hora de volver a casa, a los ansiosos brazos del Creador celestial. Todos tienen un cita divina para andar el camino que los lleva al hogar celestial. En esa casa no se dicen palabras crueles, y tampoco hay lugar para el arrepentimiento o las duras críticas. Rodeados de la gloria del amor, tus seres queridos difuntos viven en un espacio de felicidad. No tienen tiempo para contar las fechorías de los demás porque están haciendo un inventario de sus propias acciones en su vida terrestre. Ven en qué se equivocaron y los ángeles les aconsejan que no sean duros en su autocrítica, sino que aprendan de sus errores y sigan adelante. El Cielo desea lo mismo para toda la creación, incluido tú.

Como ves, Amado, en el Cielo nadie te guarda rencor por lo que tú consideras fallas. En el Cielo nadie se aferra a su sufrimiento sin hacer un gran esfuerzo. El Cielo simplemente no apoya al ego y tus seres queridos ahora hacen brillar su amor en ti. No te preocupes por ellos, Sagrado Hijo de Dios, mejor dedica esa energía a tu noble vida de servicio. Construye tu conocimiento de la sagrada gracia de Dios y no te concentres en la ilusión del dolor. Las plegarias que elevas para tus seres queridos se les transmiten directamente, éstas son el mejor regalo que puedes dar, no sólo a ellos, sino a ti mismo también.

Nota: Aquí concluye la parte guiada de este libro.
El resto son palabras de Doreen Virtue.

Parte
5

Íntima comunión
con tus ángeles

Quiénes son los ángeles

La palabra *ángel* significa "mensajero", así que los ángeles nos traen los mensajes enviados por la mente divina de nuestro Creador. Son un regalo de Dios, quien los manda para que nos ayuden a recordar nuestra naturaleza divina, a ser cariñosos y buenos, a descubrir y pulir nuestros talentos con el objeto de mejorar al mundo, y para mantenernos alejados del peligro antes de que llegue nuestra hora. También nos guían cuando se trata de relaciones, salud, carrera y hasta finanzas.

Tus ángeles te acompañan para cumplir con el plan de paz de Dios. Te ayudan a que seas pacífico, y trabajan persona por persona, porque un mundo de gente pacífica es igual a un mundo tranquilo. Por eso los ángeles te guían hacia el camino que te conducirá a la paz. No creas que si les pides "pequeños" favores los molestas o les haces perder el tiempo; ellos saben que un conjunto de molestias menores produce un gran estrés, así que con enorme placer realizan su labor de eliminar los obstáculos que se interponen en tu camino.

Aunque es cierto que los desafíos nos hacen crecer, los ángeles dicen que también la paz nos conduce a un crecimiento todavía mayor. Si estamos en paz, nuestros horarios y creatividad se adecuan mejor para prestar servicio. Si estamos en paz, nuestros cuerpos funcionan en salud. Si estamos en paz, nuestras relaciones prosperan y dan fruto. Si estamos en paz, somos un ejemplo vivo del amor de Dios.

De vez en cuando, recibo cartas de gente que me acusa de venerar a los ángeles, quienes las escriben hacen énfasis en que al único que debemos venerar es a *Dios*.

Siempre respondo igual, con amor. Todos cometemos el error de suponer cosas de los demás sin analizar los hechos. Las personas que han leído alguno de mis libros, escuchado uno de mis audiocasetes o asistido a cualquiera de mis talleres, saben que siempre digo que la gloria *es* de Dios. A los ángeles no les gusta que los veneren y yo de ninguna manera sugiero que deberíamos hacerlo.

Una vez hecha esa aclaración, he aquí un sutil recordatorio: Dios está en todas partes. Él está dentro de ti, dentro de mí, y definitivamente dentro de los ángeles. Así que disfrutamos del Dios *que habita en nuestro interior* cuando alabamos a Dios.

Algunas de las personas que asisten a mis talleres y han tenido malas experiencias con la religión organizada no quieren oír esto, pero tal vez el padre de una mujer abusó de ella, entonces su reacción es rechazar a todas las figuras paternas, incluida la de Dios. (Claro que Dios es una fuerza andrógina que es nuestro Padre *y* Madre espiritual). Quizá un miembro de una religión organizada le hizo daño a un hombre, en respuesta éste rechaza todo lo relacionado con la religión, incluidos sus guías espirituales y ángeles. Puede darse el caso de que la religión resulte ilógica para alguien, así que deja de pensar en las cosas espirituales. Es posible que un individuo se sienta culpable por el estilo de vida que lleva, y muy en el fondo tenga miedo de que Dios lo "castigue", por lo tanto bloquea todo conocimiento de Dios. Podría ser que una mujer tema que Dios intente controlarla y la conduzca a una vida sin diversiones.

Algunas personas me preguntan si está "bien" hablar directamente con Dios o con los ángeles, o si es una blasfemia. Yo les digo que lo mejor es seguir nuestras creencias personales cuando se trata de hablar con el Cielo. Sin embargo, si Dios, los maestros ascendidos y los ángeles son uno, entonces ¿por qué estaría "mal" que nos comunicáramos directamente con ellos? Simplemente estás aceptando el regalo que Dios te hizo. Tus ángeles y tú no están conspirando contra Él con un plan de rebelión. Los ángeles (igual que tu yo superior) jamás desafiarían la voluntad de Dios, entonces no tengas miedo de cometer un error.

Los ángeles conocen tu "sueño de miedo", pero también la verdad del amor divino. Dios, que es todo amor, no conoce otra cosa más que el amor. Sabe cuando te alejas de Él, y que por eso tienes una pesadilla, pero no conoce el contenido de ésta; para ello tendría que dejar de ser completamente amor. Los ángeles son el puente entre la verdad y la ilusión de que tus problemas son una pesadilla. Ellos te regresan los temores y te llevan a un feliz estado de salud, alegría, paz y abundancia. Trabajan en equipo con tu yo superior y los maestros ascendidos con los que estás relacionado espiritualmente, como Jesús, Moisés, Quan Yin, el Espíritu Santo, Buda, Yogananda, o quien sea. Los ángeles no critican tus creencias, pues saben que si intentaran cambiar esas opiniones, ya no los escucharías. En lugar de eso, trabajan con tus creencias para estar cerca de ti.

En *Curso de milagros* dice que Dios no nos asiste en los momentos difíciles porque no lo considera necesario (pues Él sólo ve amor y perfección, no la ilusión que representan los problemas o las carencias), pero nos envía a los ángeles cuando nosotros creemos que estamos en problemas. No es que Dios nos ignore, simplemente su forma de ayudarnos es enseñándonos que en la verdad todo está resuelto. Pero en caso de que insistamos en cerrar los ojos ante la verdad, Dios manda a los ángeles para que nos ayuden a salir de las pesadillas que creamos.

Los ángeles me han dicho que no los necesitaríamos si siempre estuviéramos conscientes de la presencia del amor. Pero como navegamos entre varios grados de miedo y amor, Dios nos manda a los ángeles para rescatarnos.

Cuando llega la hora de que alguien se vaya

Como médium y clarividente que conversa con los difuntos, y como investigadora que ha estudiado cientos de casos de experiencias cercanas a la muerte, estoy convencida de que nos morimos cuando nos llega la hora de partir. Podemos arruinar nuestros cuerpos y nuestras vidas, podemos recibir llamadas de atención, pero si no nos "toca", la muerte no llama a la puerta.

Antes de encarnar, cada uno hacemos un plan básico de vida, en el cual incluimos en qué forma cumpliremos nuestra misión (como escritores, sanadores, músicos, profesores, etc.), así como algunas de las experiencias y relaciones más importantes que tendremos. No se trata de una filosofía fatalista, cada cual elegimos esas experiencias antes de venir a la Tierra y nuestro libre albedrío participa en el proceso. Pero no planeamos nuestra vida con anticipación, nada más concebimos las principales intersecciones y algunos temas generales, como las lecciones que aprenderemos durante nuestra encarnación (por ejemplo, paciencia o compasión).

También escogemos una, dos o tres edades en las que abandonaremos el plano físico y volveremos a nuestra casa celestial, por ejemplo a los 18, 47 y 89 años. Cuando cumplas esas edades, sucederá una intersección (un accidente, una enfermedad o un pensamiento suicida) que te dará la opción de regresar al Cielo o quedarte en la Tierra. La mayoría de las personas opta por vidas largas para poder convivir con su familia terrestre durante una o dos generaciones. Pero otras prefieren irse pronto y vuelven a casa antes de que sus cuerpos alcancen la madurez en la Tierra. Aunque sus cuerpos eran pequeños, sus almas quizá eran más antiguas que la tuya o la mía cuando dejaron el plano de la Tierra.

Tu yo superior sabe cuáles son las diferentes edades en las que planeaste dejar la Tierra, y puedes conocerlas simplemente preguntándole a tu yo superior: "¿Cuántos años tendré cuando deje este cuerpo físico?" Automáticamente, casi todos escuchan (con su oído interno) tres edades; otros ven números frente a sí y algunos más no reciben respuesta porque inconscientemente no quieren saberlo. Hay quienes escuchan una edad que están a punto de cumplir, y nada más. Eso significa que ya casi llega su hora o que el ego está poniéndoles una trampa para asustarlos, ya que éste funciona a partir del miedo. En el noventa y nueve por ciento de las veces, falta mucho para que llegues a la edad, pero el temor evita que oigas el número. La relajación, la respiración y la meditación sirven para que escuches la respuesta con claridad.

La comitiva que te ayuda a crear el plan está conformada por seres que te acompañarán como tus ángeles de la guarda y guías espirituales. Cada uno tenemos cuando menos dos ángeles guardianes, de principio a fin, y por lo menos un guía espiritual, y a veces más. Los ángeles de la guarda son seres que no han encarnado en humanos (a menos que fueran ángeles *encarnados*, un tema que no abarca este libro, pero que sí encuentras en mis libros *Sanación con los ángeles* y *Sanación con las hadas*). Por lo general, tus guías espirituales son seres queridos difuntos; cuando eres chico, son familiares que murieron antes de que nacieras.

Estos guías y ángeles te llevan por el sendero correspondiente para que cumplas con tu misión y aprendas las lecciones personales. También evitan que arruines tu vida y tu cuerpo. Si estás a punto de morir antes de que llegue tu hora, intervienen sin tu permiso. Si llegas a la edad de "intersección" y decides morir para irte, los ángeles y los guías te ayudan a tomar la decisión. Por lo general, las personas que no han cumplido con su misión ni han aprendido sus lecciones, pero sobre todo cuando tienen seres queridos vivos, eligen quedarse hasta que llegue la próxima edad de intersección.

Por experiencia propia, sé que los ángeles nos ayudan en la medida que se los permitimos. En 1995, la fuerte y clara voz masculina de un ángel me advirtió que si no le subía la capota a mi auto convertible, me lo robarían. Por diversos motivos, no hice caso a las palabras del ángel y una hora más tarde me secuestraron en el coche a punta de pistola. En ese momento, el ángel me dijo que gritara con todas mis fuerzas; esa vez sí le hice caso y mis gritos llamaron la atención de gente que pasaba y vino en mi auxilio.

Tuve la opción, las dos veces que el ángel quiso ayudarme, de escucharlo o ignorarlo. Si hubiera hecho caso omiso de su segundo consejo de que "gritara con todas mis fuerzas", no sé si hoy estaría viva. Pero lo que sí sé es que si hubiera muerto, sabría que los ángeles hicieron lo que pudieron para intervenir y evitar mi muerte. Y veo que esta misma clase de libre albedrío la tiene toda la gente con la que hablo, tanto aquellos que tuvieron un encuentro con la muerte como quienes murieron y se comunican conmigo desde el otro lado.

Ángeles de la guarda

Los ángeles de la guarda se asignan de manera individual para que te acompañen toda tu vida. Repito, estos ángeles nunca han vivido en la Tierra como humanos, a menos que se trate de "ángeles encarnados" (ángeles que toman forma humana por poco tiempo o toda una vida).

Como ya lo mencioné, cada persona, sin importar credo, personalidad o estilo de vida, tiene cuando menos dos ángeles de la guarda (que el individuo escuche o no a sus ángeles es otra historia muy diferente). Uno es un ángel extrovertido y "alborotado", que te presiona para tomar decisiones en armonía con tu yo superior. Este ángel conoce tus talentos y potencial, así que te anima para que brilles con intensidad en todos los sentidos.

El otro ángel guardián es de voz y energía mucho más tranquilas. Te consuela cuando estás triste, solo o decepcionado; te abraza cuando no consigues el empleo o el departamento que tanto deseabas, y te tranquiliza cuando tu cita del viernes en la noche no llega.

Puedes tener más de dos ángeles de la guarda —de hecho, la mayoría de la gente que conozco tiene más de dos. Sin embargo, mi referencia son personas que asisten a mis talleres y, por lo general, aquellos que aprecian a los ángeles atraen *más* ángeles. Y no es que tomen partido a favor de sus fanáticos, simplemente los individuos que creen en los ángeles tienden a pedir más. Esta petición siempre se cumple, no importa quién la solicite.

Los ángeles *tienen* energía de género que les da diferente apariencia y hace que actúen como él o ella. No obstante, cada uno tenemos ángeles masculinos y femeninos en diferente proporción. Así que puedes tener tres ángeles masculinos y uno femenino, y tu hermana dos femeninos.

Todos los ángeles tienen alas y una imagen angelical, similar a las figuras renacentistas que aparecen en las postales y cuadros religiosos. Según mi experiencia, no usan las alas para transportarse, porque nunca he visto que un ángel las agite, pero sí envuelven a una persona con las alas para consolarla, y según lo que he presenciado, sólo las utilizan para eso. Una vez, los ángeles me dijeron que tenían alas nada más porque es la imagen que tenemos de ellos en Occidente. Dijeron: *"Los pintores originales de ángeles confundieron nuestra aura de luz con alas, por eso nos pintaron con alas en sus cuadros, y nos aparecemos ante ti con ellas para que sepas que somos nosotros, tus ángeles".*

Lo curioso es que los ángeles de la guarda que cuidan a personas que practican religiones orientales, como budismo o hinduismo, no tienen alas. Esos ángeles son parecidos a los *bodhisattvas* (seres iluminados sensibles), cuya labor era la misma que la de los ángeles guardianes de Occidente: amar, proteger y guiar a la persona que se les asignaban. Las únicas excepciones son los nativos del este de Estados Unidos que tienen antecedentes eclécticos o de la Nueva Era. En esos casos, estos individuos están rodeados de grupos de asistentes espirituales. Es común que esas personas me digan: "¡Llamé a *todos* los que están en el Cielo para que me rodearan y me ayudaran!"

Los arcángeles

Los arcángeles supervisan a los ángeles; por lo general, son más grandes, más fuertes y más poderosos que estos últimos. Según tu sistema de creencias, existen cuatro, siete o un número infinito de arcángeles. En este libro, el arcángel Uriel dijo que conoceríamos más arcángeles en el futuro próximo, casi como si descubriéramos nuevos planetas o sistemas solares.

Los arcángeles no tienen denominación y ayudan a todos, sin importar sus antecedentes religiosos o no religiosos. Pueden estar con cada uno de nosotros, individual y simultáneamente, porque no tienen restricciones de tiempo ni espacio. ¡Imagina cómo sería tu vida si pudieras estar en muchos lugares al mismo tiempo! Bueno, los ángeles dicen que la única razón por la que no lo hacemos es porque *creemos* que nada más podemos estar en un lugar. Pero según ellos, pronto aprenderemos a eliminar esa restricción.

El motivo por el que hago énfasis en este punto es porque a mucha gente le preocupa que si llama al arcángel Miguel, por ejemplo, podría distraerlo de una tarea más "importante". ¡Así proyectamos nuestras limitaciones en los arcángeles! La verdad es que los arcángeles y los maestros ascendidos pueden estar con quien los llame y tener una experiencia única con cada ser. Así que puedes llamar a los ángeles pidiéndoles mentalmente que te ayuden, no es necesario que hagas una oración formal.

El número exacto de ángeles que existen depende de tu sistema de creencias o del texto espiritual que consultes. La Biblia, el Corán, el Testamento de Levi, la Cábala, el Tercer Libro de Enoch y los escritos de Dionisio, todos nombran y describen diferentes números y nombres de arcángeles.

Existen muchos arcángeles, aunque por lo general en mis talleres y libros menciono más a Miguel, Rafael, Uriel y Gabriel. Sin embargo, últimamente otros arcángeles me han pedido que los incluya en mi vida y mi trabajo. A continuación presento una descripción de los arcángeles y por qué deberías trabajar con ellos.

– El nombre del *arcángel Ariel* significa "león o leona de Dios". Ariel, arcángel femenino, se conoce como el Arcángel de la Tierra porque trabaja incansablemente por los planetas. Vigila el reino de las fuerzas de la naturaleza e interviene en la sanación de los animales, sobre todo los del reino salvaje. Llama a Ariel para que te familiarices con las hadas, para que te ayude con asuntos ambientales, para sanar un pájaro o un animal salvaje.

– El nombre del *arcángel Azrael* significa "a quien Dios ayuda". Azrael, arcángel masculino, a veces se conoce como el "Ángel de la Muerte" porque se presenta ante las personas al momento de su muerte física y las acompaña al otro lado. Ayuda a las almas que acaban de cruzar para que se sientan bien y muy amadas. Azrael asiste a los ministros de todas las religiones y también a los maestros espirituales. Llámalo para que acompañe a tus seres queridos difuntos o moribundos, y también para pedirle que te asista en tu ministerio formal o informal.

– El nombre del *arcángel Chamuel* significa "el que ve a Dios". Es un arcángel masculino conocido con muchos otros nombres, como Camael, Camiel, Camiul, Camniel, Cancel, Jahoel, Kemuel, Khamael, Serafiel y Shemuel. El arcángel Chamuel nos ayuda a buscar y localizar partes importantes de nuestras vidas. Llámalo cuando desees una nueva relación sentimental, nuevos amigos, nuevo empleo o busques objetos perdidos. Una vez encontrado lo que quieres, Chamuel te ayudará a construir y conservar la nueva situación. Así que llámalo si tienes que arreglar malos entendidos en tus relaciones personales o laborales.

– El nombre del *arcángel Gabriel* significa "Dios es mi fuerza". En las primeras pinturas renacentistas y escritos antiguos, aparece como arcángel femenino, aunque en documentos posteriores se refieren a Gabriel con pronombres masculinos (quizá por la edición masiva de las escrituras en el Consejo Constantino). Ella es el ángel mensajero que ayuda a los mensajeros terrestres, como escritores, profesores y periodistas. Llama a Gabriel para superar el miedo o los retrasos en las tareas relacionadas con la comunicación.

– El nombre del *arcángel Haniel* significa "gracia de Dios". Llama a Haniel cuando desees añadir gracia y sus efectos (paz, serenidad, compañía de buenos amigos, belleza, armonía, etcétera) a tu vida. También puedes llamarlo antes de cada evento en el que desees ser la encarnación de la gracia, como en el caso de una presentación importante, una entrevista de trabajo o una primera cita.

– El nombre del *arcángel Jeremiel* significa "piedad de Dios". Jeremiel es un arcángel masculino que nos inspira y motiva a dedicarnos a realizar actos de servicio espiritual. También participa en el proceso para alcanzar la sabiduría divina. Llama a Jeremiel si te sientes "atorado" espiritualmente, y para recuperar el entusiasmo por tu sendero espiritual y misión divina.

– El nombre del *arcángel Jofiel* significa "belleza de Dios". También conocido como Iofiel y Zofiel, este arcángel masculino es el Arcángel Patrón de los Artistas, que nos ayuda a ver y conservar la belleza de la vida. Llama a Jofiel antes de iniciar algún proyecto artístico. Como parte de su labor es contribuir al embellecimiento del planeta limpiándolo de la contaminación, pídele que te asigne tareas para ayudar en esta misión tan importante.

— El nombre del *arcángel Metatron* significa "Ángel de la Presencia". Se cree que este arcángel masculino es el más joven y alto de los arcángeles y el único que alguna vez pisó la tierra convertido en hombre (como el profeta Enoch). Metatron trabaja con la Madre María para ayudar a los niños, tanto vivos como difuntos. Llámalo cuando necesites cualquier tipo de asistencia con tus hijos. Por lo general, interviene para que los adolescentes abran su conciencia y comprensión espirituales.

— El nombre del *arcángel Miguel* significa "el que es como Dios" o "el que se parece a Dios". Es un arcángel masculino que elimina los efectos del miedo en el planeta y sus habitantes. Miguel es el Arcángel Patrón de los Policías, y nos da a todos el valor y la fibra para escuchar nuestra verdad y cumplir con nuestra misión divina. Llámalo si tienes miedo o estás confundido con respecto a tu seguridad personal o misión divina, y si necesitas hacer cambios en tu vida. También puedes llamar a Miguel para que te ayude a arreglar problemas mecánicos o eléctricos.

— El nombre del *arcángel Raguel* significa "amigo de Dios". A este arcángel masculino se le conoce con frecuencia como el Arcángel de la Justicia y la Equidad, y es el protector de los desvalidos. Llama a Raguel si sientes que están manipulándote o dominándote, intervendrá para guiarte, para que haya poder equilibrado y justicia en la estructura de tus relaciones personales y sociales. También llámalo en nombre de cualquier otra persona que reciba un trato injusto.

– El nombre del *arcángel Rafael* significa "Dios sana" porque la misión de este arcángel masculino es hacer sanaciones físicas. Ayuda a todos los sanadores, incluyendo a los que pronto lo serán. Llámalo para aliviar heridas o enfermedades tuyas o de otros (incluyendo animales). También llama a Rafael para que te asista en tu trabajo de sanación, aunque estés estudiando y para que te ayude a construir tu carrera en la práctica privada. Además, el arcángel Rafael protege a los que viajan, llámalo para asegurar que tu viaje sea armonioso y seguro.

– El nombre del *arcángel Raziel* significa "secreto de Dios". Se dice que este arcángel masculino está muy cerca de Dios y que escucha las conversaciones divinas relacionadas con los secretos y misterios del universo. Raziel escribió dichos secretos en un documento que entregó a Adán, y con el tiempo terminó en manos de los profetas Enoch y Samuel. Llama a Raziel cuando desees comprender material esotérico o incursionar en la alquimia o la manifestación.

– El nombre del *arcángel Sandalfon* significa "hermano" porque este arcángel masculino es el hermano gemelo del arcángel Metatron. Sandalfon es el Arcángel de la Música y la Oración, ayuda al arcángel Miguel a eliminar el miedo y sus efectos (quizá con música). Pon música suave y llama a Sandalfon para que disipe la confusión espiritual.

– El nombre del *arcángel Uriel* significa "Dios es luz". Como nos lo explica en su mensaje de la página 109, el arcángel masculino Uriel envía luz a situaciones difíciles, así se iluminan nuestras capacidades para resolver problemas. Llama a Uriel cuando estés en una situación complicada y necesites pensar con claridad para encontrar las respuestas.

– El nombre del **arcángel Zadkiel** significa "rectitud de Dios". Este arcángel masculino nos ayuda a alcanzar la libertad a través del perdón, y se le conoce como el Arcángel Patrón de Aquellos que Perdonan. Por esta razón, llámalo para que te ayude a eliminar toxinas de ira y rencor (hacia ti y otras personas). Zadkiel hace que veamos a los demás con compasión en lugar de criticarlos.

Maestros ascendidos

Los maestros ascendidos son seres que vienen a la tierra y se convierten en líderes, profesores y sanadores, y continúan ayudándonos desde el mundo espiritual. Entre los conocidos están Jesús, Moisés, Buda, Quan Yin, María, Yogananda, Ashtar y los santos, y entre los no tan famosos encontramos yoghis que trascienden las restricciones físicas durante su vida, inventores pioneros y héroes olvidados. Con un amor más grande que la vida y una devoción inquebrantable hacia nosotros, los maestros ascendidos ayudan a quien los llama.

Los ángeles de la Naturaleza

Con frecuencia conocidos como hadas, fuerzas de la Naturaleza o devas, estos ángeles pertenecen al reino de Dios igual que los guardianes y los arcángeles. Vistos con recelo, a veces son ignorados y sus mensajes tergiversados. Hace poco visité una amplia librería y me dio gusto ver todos los libros de ángeles que había en un anaquel cuyo título decía: "Ángeles". Pero me pregunté: *¿Dónde están los libros de hadas?* Busqué en las áreas de la Nueva Era y Espiritualidad sin encontrar uno solo. Por fin los vi en una sección grande llamada "Mitología". Sentí una punzada de indignación por las hadas, y entendí por qué se me asignó la tarea de dar a conocer su mundo en mis libros y talleres.

En el mejor de los casos, se cree que las hadas son traviesas, y malas en el peor. A diferencia de los ángeles de la guarda y los arcángeles, los ángeles de la Naturaleza sí tienen ego. Son ángeles más densos que viven cerca de la Tierra y quienes habitan en ella tienen ego.

Los ángeles de la Naturaleza, entre ellos las hadas, son los ángeles ambientales de Dios. Se encargan de cuidar la atmósfera, paisajes, cuerpos de agua y animales de la tierra. Por ejemplo, si tú eres de los que demuestra su respeto al ambiente reciclando y levantando basura, las hadas sienten un gran respeto por ti. Pero si, además de eso, vas más allá y eres bueno con los animales y usas limpiadores no tóxicos, las hadas se morirán por conocerte y trabajar contigo. Los ángeles de la Naturaleza analizan a cada una de las personas con quienes entran en contacto, y al instante saben cuál es su nivel de compromiso con el medio ambiente. En cuanto empiezas a comunicarte con los ángeles de la naturaleza, quieren incorporarte como asesor en su campaña ambiental.

Las personas cuya misión tiene que ver con ayudar a los animales y al medio ambiente, tienen cerca de ellas hadas y otras fuerza de la naturaleza que trabajan como sus ángeles de la guarda. Además de los ángeles guardianes y guías espirituales, estas fuerzas de la Naturaleza acompañan a los humanos. He descubierto que estos espíritus de la naturaleza guardianes se portan muy bien y no interfieren con la felicidad ni con el libre albedrío de los humanos. Por lo general, su intervención se limita a recordatorios para participar en causas ambientales y realizar movimientos corporales que liberan al espíritu.

Acerca de tus seres queridos difuntos y guías espirituales

Si has perdido seres queridos, es posible que estén contigo aun después de haberse ido, incluso con frecuencia. Después de todo, además de los ángeles, los arcángeles y los maestros ascendidos, nuestros seres queridos difuntos también nos ayudan y asisten. Pueden ser familiares que murieron antes de que nacieras, difuntos con quien tuviste un fuerte lazo, o gente que en el pasado te enseñó una habilidad especial para cumplir con tu misión. El ser difunto que siempre está contigo se llama "guía espiritual". Por lo general, tenemos uno o dos.

Cuando una persona muere, con el tiempo le dan la opción de realizar un trabajo de servicio, para aumentar su avance espiritual y para ayudar a otros. Algunos se ofrecen como voluntarios para convertirse en guías espirituales de sus seres queridos vivos y es común que elijan quedarse hasta el final de la vida física de ese individuo. El tiempo se mide diferente en el Cielo, y no importa que vivas 90 años, para tus guías espirituales el lapso de tiempo es menor.

Los guías espirituales te acompañan porque te aman y se preocupan por ti. Además, es posible que tu misión sea parecida a la del difunto que está a tu lado. Estar junto a ti es una forma indirecta de cumplir con su misión si no pudo completarla en vida. Si te pusieron el nombre de la querida tía Annette, ya difunta, es muy posible que ella sea tu guía espiritual. Los homónimos casi siempre se quedan con nosotros. Tal vez nos pusieron su nombre porque nuestros padres saben, intuitivamente, que el sendero de nuestras almas es similar.

Entonces, cuando la tía Annette decide ser tu guía espiritual, primero debe entrar a lo que sería el equivalente a un programa de entrenamiento para ser consejero espiritual. En esa escuela celestial, la tía aprende a estar contigo para apoyarte, sin interferir con tu libre albedrío. Le enseñan a viajar al plano astral pero se queda lo suficientemente cerca para escuchar cuando la llamas para que te ayude. La tía Annette aprende a comunicarse contigo a través de tu canal de comunicación espiritual más fuerte, que pueden ser tus sueños, tu voz interior, tus sensaciones o tus introspecciones intelectuales. El entrenamiento para convertirse en guía espiritual es largo. Por eso los seres queridos que murieron hace poco no están siempre con nosotros, sólo quienes han realizado tan exhaustivo entrenamiento nos acompañan día y noche.

Digamos que la tía Annette era una periodista muy exitosa y tú aspiras a ser escritor; entonces, escribir es parte de tu misión. Cuando le preguntas al Cielo: "¿Cuál es mi misión?", la tía Annette telepáticamente te anima para que escribas. Claro que la tía lo hace sólo porque sabe cuál es la misión divina que Dios te asignó.

A veces, la gente me pregunta si tiene algo de malo hablar con los difuntos y en algunos casos citan la Torá, donde dice que no está bien hablar con muertos ni médiums. Yo entiendo esta advertencia porque es un error entregar nuestra vida a los seres queridos difuntos, así como no es correcto consagrarla a los seres queridos *vivos*.

A nuestro yo superior, junto con nuestro Creador, es a quienes debemos dedicar nuestra vida. Definitivamente, nuestros seres queridos difuntos nos ayudan, pero no se convierten en automático en santos, ángeles, ni psíquicos sólo porque sus almas ya no están en este plano. Sin embargo, trabajan en equipo con Dios, el Espíritu Santo, los maestros ascendidos y los ángeles para ayudarnos a cumplir con la voluntad de Dios (que es una con la voluntad de nuestro yo superior). Me parece que la razón principal para contactar a los seres queridos difuntos es para que nos ayuden, pero también para conservar, sanar o profundizar la relación.

Para aquellos que son adoptados

Es común que me pregunten por los guías espirituales de los adoptados. He descubierto que las personas que fueron adoptadas tienen más ángeles de la guarda y guías espirituales que las que no. El individuo adoptado siempre tiene un guía espiritual que es un familiar difunto de su familia biológica, y nunca he visto una excepción. Puede ser el padre, la madre, un hermano, un abuelo o abuela, una tía o un tío muertos. No importa que el adoptado haya conocido o no al pariente porque el lazo familiar existe, a pesar de que la relación no se haya forjado en vida.

Además, la persona adoptada tiene seres queridos difuntos que fueron amigos y miembros de la familia adoptiva a quienes conocieron. Creo que los adoptados tienen más ángeles de lo normal porque los protegen y ayudan a adaptarse a los cambios que se dan en su vida como resultado del proceso de adopción.

Profundiza la relación con seres queridos difuntos

"¿Mis seres queridos difuntos están bien?", es una pregunta que me hacen continuamente. La razón por la que la gente hace esta pregunta es muy sencilla, tiene miedo de que su difunto esté en un sitio "infernal", literal o figurativo. El 90% de mis consultas indica que los difuntos están bien, gracias. Su única inquietud la provocamos tú y yo, sobre todo cuando nos aferramos tanto al dolor que lo convertimos en obsesión o parálisis emocional. Tus seres queridos muertos siguen adelante con su vida, y quieren que tú hagas lo mismo. Si detienes tu avance espiritual o felicidad a causa del dolor, también detienes la del difunto.

La verdad es que el único problema que tienen la mayoría de las almas del Cielo somos... *¡nosotros!* Si seguimos adelante viviendo una vida feliz y productiva, nuestros difuntos cantarán y harán fiesta en el Cielo para celebrarlo con alegría.

En el Cielo las almas se sienten de maravilla, las enfermedades, las heridas y las discapacidades desaparecen con el cuerpo. El alma está intacta y goza de perfecta salud, sigue sintiéndose él o ella, pero sin el peso y el dolor del cuerpo.

En el Cielo las almas también están de maravilla emocionalmente. Ya se fueron todas las presiones económicas y de tiempo, ya no hay tensiones ni preocupaciones (a menos que nosotros estemos desolados y deprimamos a nuestros difuntos). Las almas que están en el Cielo tienen la libertad de manifestar cualquier situación o condición, como viajar por el mundo, una casa hermosa, trabajar como voluntarios y pasar más tiempo con la familia y amigos (vivos y muertos).

"¿Y si mis seres queridos difuntos están enojados conmigo?", me preguntan con frecuencia. A la gente le preocupa que los amigos y familiares muertos estén molestos con uno porque:

- *no acompañaron al moribundo en el final de su vida o en el último aliento;*
- *tomaron la decisión de desconectar los aparatos que le daban vida artificial;*
- *su estilo de vida no sería aprobado por el difunto;*
- *pelean con la familia por la herencia;*
- *hubieran podido evitar la muerte o tienen la culpa de que haya muerto;*
- *todavía no encuentran ni han presentado ante la justicia al presunto responsable del homicidio o accidente, o ambos;*
- *discutieron con el difunto poco antes de que muriera.*

La verdad es que durante las miles de consultas que he hecho, nunca me he encontrado con una persona enojada por cualquiera de los motivos anteriores. Cuando llegas al Cielo, te liberas de las preocupaciones que tenías en la Tierra. En el Cielo ves con mejor claridad los verdaderos motivos de las personas, por eso los difuntos comprenden por qué actuaste (o aún actúas) de cierta manera. En lugar de criticarte, te miran con compasión. Sólo interfieren en tus acciones (como en el caso de las adicciones) si ven que tu estilo de vida está matándote o impide que cumplas con tu misión.

Y no te preocupes porque el abuelo está viendo cuando te bañas o haces el amor, las almas difuntas no son mironas. En realidad, existen evidencias de que los guías espirituales no ven a nuestro yo físico en la Tierra, sino sólo energía y cuerpos de luz. Por lo tanto, tu guía espiritual sólo ve tus verdaderos pensamientos y sentimientos en cada circunstancia.

Como los guías espirituales sí saben qué sientes y piensas, no es necesario que ocultes tus preocupaciones a tus difuntos. Digamos que tienes sentimientos encontrados por la muerte de tu padre. Estás enojado porque su constante adicción al cigarro y al alcohol contribuyeron a su temprano deceso. Pero te sientes culpable porque crees que está "mal" enojarse con los difuntos, sobre todo si es tu padre.

Él sabe cómo te sientes porque puede leer tu mente y corazón desde el Cielo. Nuestros seres queridos difuntos nos piden que nos desahoguemos, que tengamos una conversación a corazón abierto sobre nuestra ira, miedos, culpa y preocupaciones inconclusos. Puedes sostener esta conversación escribiendo una carta a tu difunto, pensando lo que quieres expresarle o diciéndoselo en voz alta.

Puedes comunicarte con tus difuntos en cualquier momento y donde sea, sus almas no están en el cementerio. El alma es libre y viaja a donde la llaman. Y tampoco te preocupes porque creas que vas a alterar su paz. Todos queremos sanar los asuntos que aún no concluyen con respecto a las relaciones, estemos vivos o muertos; así que esta conversación le produce al difunto la misma alegría y motivación que a ti. (Encontrarás más información relacionada con la comunicación con el Cielo en el último capítulo de este libro).

Ángeles animales

¿Te sorprendería descubrir que entre los difuntos queridos que te cuidan están algunas de tus amadas mascotas? Los perros, gatos, caballos y otros animales que amaste profundamente se quedan contigo después de su deceso físico. El lazo de amor que compartiste con tus mascotas cuando estaban vivas es como una correa que los ata para siempre a tu lado, mucho después de la muerte.

A la gente que asiste a mis talleres le digo que veo perros y gatos corriendo y jugando en la habitación. Por lo general, nos damos cuenta muy rápido qué perro pertenece a qué persona porque no se separa de su dueño. Estos reencuentros, en los que las personas descubren que su mascota preferida está a su lado, son muy emotivas y conmovedoras. Se dan cuenta que sus perros tienen la misma personalidad, apariencia y comportamiento que cuando estaban vivos. Si el animal era juguetón, hiperactivo, amigable, bien acicalado o increíblemente tranquilo en vida, conserva las mismas características después de su muerte física. Los perros juguetones saltan en montones de hojas etéreas y persiguen pelotas. Aunque no sé si esas hojas, pelotas y demás juguetes son producto de la imaginación del animal.

Los gatos también se quedan con sus dueños, aunque por lo general su independencia no les permite ser tan apegados a los humanos como los perros. Por eso en mis talleres me cuesta trabajo saber qué gato pertenece a quién; debo describir a los varios felinos que andan corriendo por la habitación para que sus dueños los "reclamen".

Muchos de mis pacientes dicen haber visto o sentido que se aparecen sus mascotas difuntas. Por ejemplo, puedes sentir que el gato Pachón se subió a la cama, o que el perro Rojo está acostado junto a ti en el sillón. También puedes ver con el rabillo del ojo que pasó corriendo por la habitación. Esto es porque el rabillo es más sensible a la luz y al movimiento que la parte frontal del ojo, por eso tenemos visiones psíquicas con esa parte. Así que cuando volteamos para ver la imagen de frente, desaparece.

He visto caballos y hasta conejillos de Indias como ángeles de la guarda de la gente. Ellos fueron mascotas muy queridas por sus dueños, y siguen siendo leales a su "gente". Los animales nos ayudan bañándonos con su divina energía de amor y brindándonos una compañía que quizá sólo nuestro inconsciente reconoce.

También he visto el espíritu de animales totémicos con personas que en vidas pasadas tuvieron relación con culturas nativas. Estas águilas, lobos y osos vuelan en círculos sobre la cabeza de sus humanos, dándoles protección y sabiduría natural. He visto delfines con individuos que participan en cuestiones ecológicas, así como unicornios al lado de gente que es muy apegada a la naturaleza y al reino de las fuerzas de la naturaleza. Nunca he visto peces alrededor de las personas, pero ellos pasan por un canal de luz muy diferente al final de sus vidas, ¿verdad?

Puedes mantenerte comunicado con todos tus seres queridos difuntos, incluyendo mascotas, a través del proceso descrito en el último capítulo de este libro.

Mensajes de los niños que están en el Cielo

No hay algo más trágico que decirle "adiós" a tus hijos, aunque las almas infantiles son muy felices en el Cielo y definitivamente viven con más alegría y elocuencia. En los últimos años, he limitado mi práctica de terapia con ángeles a consultas para padres de niños que han muerto. He aprendido muchísimo hablando con los niños que estás en el otro lado.

La pérdida de un hijo produce más culpa en los padres que cualquier otra cosa. Muchos son casos perdidos porque se preguntan si hubieran podido prevenir, o incluso si de alguna manera causaron, el deceso de sus hijos. Estos padres se acosan con los "si hubiera": "Si no le hubiera prestado el auto a Amy ese día", "Si le hubiera puesto más atención a Dan cuando dijo que no era feliz", "Si no hubiera permitido que Jacob estuviera fuera de casa hasta tan altas horas".

Es obvio que con reprocharte no le devolverás la vida al cuerpo de tus hijos, pero quisiera compartir contigo una información que ayudará a sanar a tu corazón.

— *Los niños pequeños tienen una perspectiva diferente de la muerte.* Los niños de cinco años o menos no tienen el mismo concepto de muerte que nosotros, por eso es tan difícil explicarles que cuando un ser querido muere ya no regresa. "*¿Cuándo* regresa el abuelo?", pregunta continuamente el niño, no importa cuántas veces le expliques que está en el Cielo.

Cuando los niños y los bebés mueren, no saben que están muertos. Después de todo, se sientes felices y vivos. Se preguntan: *¿Por qué lloran todos?* Como no saben que fallecieron, estos niños corren a ayudar a su afligida familia y les ofrecen regalos etéreos para levantarles el ánimo. Una vez, estaba en sesión con una madre que había perdido a su hija de cuatro años y empezó a llorar desconsolada. En el mundo espiritual, la pequeña empezó a hacer dibujos de arco iris para consolar a su madre. Yo avisaba a la mujer cuando la niña le entregaba los dibujos.

"Le encantaba dibujar arco iris cuando estaba viva", me dijo la señora con nostalgia. "Sabía que siempre me hacían sonreír".

— *Los niños que están en el Cielo no guardan rencores.* Nunca he conocido a un niño difunto, ni tampoco adultos, que te culpen por su muerte. Incluso las víctimas de homicidio perdonan a sus asesinos porque saben que la ira *les* hace daño. Aunque la víctima de homicidio ayuda a encarcelar a su asesino, y no por venganza, sino para que no mate a más gente.

Los niños abortados no culpan a sus padres y tampoco se dan cuenta que están muertos. En realidad, las almas de los niños que no llegan a nacer porque son abortados a propósito, de manera natural o porque mueren en el vientre, se quedan al lado de su madre. Esas almas "piden" el siguiente cuerpo que concibe la madre. Así que si perdiste un niño pequeño o un feto y después tuviste otro hijo, es muy posible que sea la misma alma. Si la madre no concibe más hijos, entonces esa alma crece junto a ella y actúa como su guía espiritual. También puede suceder que el alma del niño venga al mundo físico y entre a la familia de su madre por otro medio, como hijo adoptivo o como sobrino.

— *El alma de un niño alberga mucha sabiduría.* Aunque los cuerpos infantiles son pequeños, no significa que sus almas sean jóvenes, desventuradas o inocentes. Así que debemos considerar que el alma del niño tuvo cierta responsabilidad en la elección del momento en que iba a morir. El texto del tomo espiritual de *Curso de milagros* dice: "Nadie muere sin su consentimiento", y he descubierto que es verdad. Pregúntale a una enfermera o a un médico y te contarán historias de gente que murió a causa de enfermedades no graves porque quisieron. Pero también te hablarán de casos increíbles de personas que decidieron vivir a pesar de que el diagnóstico médico estaba en su contra.

Por muy difícil que sea aceptarlo, debes entender que tu hijo tomó la decisión de volver a su casa en el Cielo antes de que estuvieras preparado para dejarlo ir. En mi libro *Terapia con ángeles*, los ángeles dicen que no saben de dónde sacamos la idea de que todos debemos vivir hasta los 90 años.

Como ya lo mencioné, antes de ser concebidos elegimos con nuestros ángeles y guía las edades en las que abandonaremos el cuerpo físico. Un adolescente me platicó que después del accidente automovilístico que tuvo, sus ángeles le dieron la opción de vivir o de morir, junto con las respectivas consecuencias según la elección. Durante la sesión con este niño y su madre viva, dijo a través de mí:

"Mi decisión de morir fue un regalo que les hice a ustedes, aunque quizá no lo comprendan. Me explicaron que si escogía vivir quedaría severamente discapacitado. Me mostraron lo estresante que habría sido para ustedes, su economía y para mí. También vi que el estrés acabaría con su matrimonio y que yo me sentiría impotente y culpable si hubiera decidido vivir. Por favor, perdónenme, pero elegí abandonar mi cuerpo. Los ángeles me dijeron que, a pesar de lo doloroso que sería para ustedes, con el tiempo se recuperarían y seguirían adelante. Me enseñaron que papá y tú seguirían casados apoyándose uno a otro.

"Por favor, acepten mi regalo. ¡Por favor, acepten mi elección y mi decisión! En el pasado, siempre estuvieron orgullosos de mí y necesito que se sientan orgullosos de mí en este momento por la decisión que tomé. Por favor, créanme, estoy muy, muy feliz aquí".

La madre me dijo que cuando su hijo estaba en el quirófano después del accidente, el médico informó que sus signos vitales eran esporádicos: "Dijo que la vida de mi hijo era como un jugar al estira y afloja con una cuerda, mi hijo volvía a su cuerpo unos instantes para irse momentos después y luego regresar otra vez". La mujer aceptó la decisión de su hijo con la mayor fortaleza que pudo reunir. Le aconsejé que entrara a un grupo de oración y de apoyo para fortalecer su fe en que la muerte de su hijo no fue en vano, y que está feliz y en paz en el Cielo.

– El sufrimiento es en vida. Muchos padres se vuelven locos imaginando que sus hijos sufrieron terriblemente antes de su muerte. No voy a mentir, mucha gente padece dolor físico y terror puro durante el proceso de su muerte. Por suerte, la piedad de Dios envía tablas de salvación para no sentir el terrible dolor, por ejemplo, el cuerpo humano se desmaya, la persona se desconecta (su conciencia se va a otro lado), o el espíritu sale del cuerpo antes de que el dolor se vuelva insoportable. Veo que las cosas que los padres imaginan son diez veces peores que el sufrimiento real del niño.

– Los niños no están solos en el Cielo. Abuelos, tías, tíos, mascotas queridas y otros niños acompañan a los niños que mueren. Por lo general, viven en el Cielo con familiares que conocieron en la Tierra y/o aquellos que fueron sus guías espirituales. En el Cielo puedes manifestar el tipo de casa que te gusta, así que los niños llevan vidas relativamente normales, están en casas cómodas y rodeados de familiares y amigos cariñosos. No he conocido niños que estén solos en el Cielo.

– La gran mayoría de los jóvenes que se suicidan se adaptan muy bien al Cielo. Es un mito que la gente que comete suicidio se va al infierno por su "pecado". Hay una película con Robin Williams que desestima este mito (aunque me parece que el guionista hizo una metáfora del suicidio, mucha gente lo interpreta literalmente).

El suicidio está mal visto en el Cielo porque se desperdicia un cuerpo que pudo usarse para servir a la Luz. Sin embargo, nadie critica a las víctimas de suicidio y de ninguna manera son enviadas al infierno ni al calabozo. Son ellas las que se crean una situación infernal por la fuerte culpa que sienten al darse cuenta del gran dolor que causaron a los familiares que les sobreviven. Aunque la mayoría de los difuntos con los que he hablado, después del suicidio se perdonan rápido a sí mismos y a las personas con las que estaban enojados.

Los ángeles y los guías se acercan a estos individuos como si fueran psiquiatras. Tus oraciones también ayudan en la elevación y sanación espiritual de la persona. Con mucha frecuencia, al alma se le asigna un trabajo de servicio comunitario para equilibrar el karma del dolor que originó el suicidio.

Parece que la culpa de los padres va de la mano con sus hijos, y ésta se agrava cuando se enferman, se lastiman o mueren. No obstante, *Curso de milagros* nos recuerda que la culpa no es una forma de amor, sino de ataque disfrazado. Cuando nos sentimos culpables, nos atacamos a nosotros mismos y degradamos el libre albedrío de la otra persona. Con frecuencia, la culpa es la máxima arrogancia porque creemos que pudimos haber llegado y salvado la situación. Tal vez sí, pero tal vez no. ¿Cuál es el objetivo de cuestionarlo después de sucedido el hecho? Nuestros seres queridos difuntos, sobre todo nuestros hijos, quieren que seamos felices. Y el mejor camino que conozco hacia la felicidad es el de dar servicio usando nuestros talentos naturales, pasiones o intereses.

Este trabajo de servicio puede ser un monumento vivo a la memoria del niño difunto, algo que le dé sentido a la muerte que aparentemente no tiene sentido. Por ejemplo, podrías plantar un árbol en su honor, organizar un maratón de cinco kilómetros para recaudar fondos para otros niños en situaciones similares, dar conferencias a grupos de padres sobre un tema importante en la vida y muerte de tu hijo, poner una tarjeta de donador de órganos atrás de tu licencia de conducir (pero también informa a tu familia que decidiste ser donador), escribe un artículo sobre tu hijo, ponle su nombre a una estrella o crea una fundación que se llame como él o ella. No importa que tu acción sea muy pequeña o monumentalmente heroica, tu hijo la agradecerá mucho, hasta es posible que él o ella te ayuden con el proyecto.

La vida continúa

En los próximos capítulos, conocerás algunos métodos para conservar la relación con tus seres queridos a través de la comunicación espiritual. Como hemos visto en los últimos dos, nuestros difuntos quieren que continuemos con nuestra vida de manera sana, feliz y elocuente. Y ése, quizá, es el mejor monumento que podemos hacerles.

Cómo saber si realmente son tus ángeles o sólo se trata de tu imaginación

Una niñita voltea hacia su hombro izquierdo e inicia lo que parece una conversación consigo misma.

—¿Con quién hablas, mi amor? —le pregunta su madre.

—Con mi ángel —responde la niña como si nada.

Después la madre de la niña me contó: "Lo curioso es que no somos una familia religiosa y nunca hablamos de ángeles delante de ella. Según sé, no sabe nada de ángeles".

Padres de todo el mundo me han contado historias similares. Los niños están definitivamente más propensos a ver y a oír a sus ángeles que los adultos. ¿Por qué? He descubierto que la razón principal es que a *los niños no les importa si su ángel y el mensaje que éste les da son realidad o fantasía*, simplemente disfrutan la experiencia sin cuestionar su validez. Por eso el Dr. William MacDonald, de la Universidad de Ohio, hizo un estudio en el que descubrió que los niños tienen experiencias psíquicas más reales que cualquier otro grupo de gente.

Los adultos somos tan rígidos que creemos que nos imaginamos la presencia de un ángel y con frecuencia ignoramos la verdadera guía divina. Si fuéramos como los niños y olvidáramos la incredulidad por un momento, disfrutaríamos de experiencias más profundas y ricas con Dios y el reino de los ángeles.

Sin embargo, el lado izquierdo de nuestro cerebro adulto es el que lleva la batuta y exige pruebas y evidencias. Y es posible que las experiencias dolorosas nos hayan vuelto más precavidos en ese sentido. Queremos garantías de que nuestra vida va a mejorar antes de dejar nuestro empleo para trabajar por cuenta propia, o antes de dejar al cónyuge para buscar a nuestra verdadera alma gemela.

Por suerte, algunas características distintivas nos ayudan a distinguir las verdaderas experiencias con ángeles de nuestra imaginación (o vulgar espíritu). Vivimos las experiencias con ángeles a través de nuestros cuatro sentidos divinos: visión, oído, pensamientos y sensaciones. Todos recibimos mensajes de los ángeles por medio de ellos. No obstante, tenemos un sentido primario más desarrollado; por ejemplo, yo soy una persona sumamente visual, así que la mayoría de mis experiencias con ángeles es en forma de visiones. Hay personas que están más conectadas con sus sensaciones, pensamientos u oídos internos.

Siente los mensajes del Cielo

Casi toda la gente percibe a sus ángeles a través de una "sensación" emocional o física. Si no estás seguro de estar experimentando la visita de un ángel o la recepción de sus mensajes, presta atención a estas señales:

Sensaciones producto de experiencias reales con los ángeles	**Sensaciones producto de la imaginación o una falsa guía**
Sientes calor y algo muy agradable, como un cariñoso abrazo.	Sientes frío y que algo te pica.
Te sientes seguro, aunque sea una advertencia de que corres peligro.	Te da miedo o te pones nervioso.
Por lo general, van acompañadas de fragancias de flores, o del aroma distintivo de tu ser querido difunto.	Esta experiencia no va acompañada de aromas, o de un olor desconocido y desagradable.
Sientes movimiento en el sillón o en la cama, como si alguien se hubiera sentado junto a ti.	Sientes que un ser te acaricia sexualmente.
Sientes que cambia la presión del aire o la temperatura.	La habitación se siente helada.
Sientes que alguien te toca la cabeza, el cabello o el hombro.	Sientes que estás solo.
Te sientes cansado o después con mucha energía.	La normalidad regresa rápido.
Sientes que "es real".	Sientes que la experiencia no fue real.
Repetidas y continuas sensaciones en el estómago que sugieren que hagas un cambio en tu vida o des determinado paso.	Sientes que debes hacer cambios en tu vida, pero con ideas y temas diferentes que son producto de la desesperación, no de la guía divina.
La sensación de que una persona conocida está a tu lado, como un ser querido difunto en particular.	La sensación no te produce familiaridad.
Es algo natural, como si la experiencia se hubiera dado con libertad.	Se siente forzado, como si desearas que la experiencia tuviera lugar.

Recibe los mensajes del Cielo en forma de pensamientos

Las experiencias con tus ángeles pueden ser ideas, revelaciones o pensamientos en lugar de sensaciones. Muchos de los pensadores e inventores más importantes del mundo obtienen sus ideas de los ángeles. A continuación te explico cómo distinguir lo real de lo falso:

Pensamientos producto de experiencias reales con los ángeles	Pensamientos producto de la imaginación o una falsa guía
Constantes y repetitivos.	Aleatorios y cambiantes.
Tema central de cómo resolver un problema o ayudar a otros.	Tema central de cómo volverte rico y famoso.
Positivos y alentadores.	Desalentadores y abusivos.
Te dan indicaciones explícitas del paso que debes dar de inmediato, y te darán instrucciones para los siguientes pasos después de que hayas dado el primero.	Hacen que te imagines los peores escenarios.
Ideas emocionantes que te llenan de energía.	Pensamientos deprimentes y espantosos.
Ideas que surgen de la nada, en respuesta a una plegaria.	Ideas lentas, en respuesta a una preocupación.
Ideas que te motivan a dar pasos humanos y hacer algún trabajo.	Ideas para hacerte rico rápido.
La idea es real y tiene sentido.	La idea es hueca y débil.

Pensamientos producto de experiencias reales con los ángeles (continúa)	Pensamientos producto de la imaginación o una falsa guía (continúa)
La idea concuerda con tus intereses, pasiones o talentos naturales.	La idea no tiene nada que ver con lo que has hecho o con lo que te interesa.
Sabes que un ser querido difunto está cerca, pero no lo ves.	La idea es básicamente motivada por el deseo de escapar de la situación actual en lugar de ayudar a otros.

Escucha los mensajes del Cielo

Es una broma trillada de Psicología I que escuchar voces es indicativo de locura. En contraste, muchos de los santos, sabios y grandes inventores han sido guiados por una voz sin cuerpo. Antes de que me secuestraran en el auto, escuché que una voz fuerte y clara me prevenía. Y miles de personas me han dicho que reciben advertencias similares que las salvan a ellos o a sus seres queridos del peligro y que rebasan cualquier explicación convencional.

La diferencia entre escuchar una voz divina, oír a la imaginación o tener alucinaciones es clara y precisa. Te daré un poco de información sobre las diferencias entre los mensajes de tus ángeles y tu imaginación. En cuanto a la distinción de las alucinaciones, varios científicos señalan diferencias claves entre las dos:

- El investigador D. J. West definió así la diferencia entre una alucinación y una experiencia psíquica real: "Las alucinaciones patológicas tienden a presentar ciertos patrones rígidos, ocurren repetidas veces durante una enfermedad manifiesta mas no en otras ocasiones, y están acompañadas de otros síntomas y en particular de alteraciones de la conciencia y olvidan dónde están. La experiencia psíquica espontánea (con frecuencia llamada "paranormal") es más bien un evento aislado que no está relacionado con enfermedad alguna o alteración conocida y no está acompañada por la pérdida de la noción de la ubicación física".[1]

- El investigador y médico Bruce Greyson, realizó un estudio a 68 personas que clínicamente fueron declaradas esquizofrénicas. El Dr. Greyson descubrió que exactamente la mitad de estos sujetos experimentó una aparición, en ella vieron a un ser querido difunto con sus ojos físicos.[2]

- Los investigadores psíquicos, el Dr. Karlis Osis y el Dr. Erlendur Haraldsson, descubrieron que en casi todas las alucinaciones, la persona cree que ve a un ser humano vivo. En el caso de las experiencias psíquicas donde hay visiones, la persona piensa que ve a un ser celestial, como un ángel, un ser querido difunto o un maestro ascendido.[3]

El Cielo se comunica con nosotros a través de una voz fuerte que no está dentro de nuestra cabeza; de una voz tenue interna que sí está dentro de nuestra cabeza; de una

---

[1] West, D. J. (1960). "Visionary and Hallucinatory Experiences: A Comparative Appraisal". *International Journal of Parapsychology*, Vol. 2, No. 1, pp. 89-100.

[2] Stevenson, I. (1983). "Do We Need a New Word to Supplement 'Hallucination'?" *American Journal of Psychiatry*, Vol. 140, No. 12, pp. 1609-11.

[3] Osis, K. y Harraldson, E. (1997). *At the Hour of Death.* Tercera edición, Norwalk, CT: Hastings House.

conversación que escuchamos "por casualidad"; o de una melodía que oímos en la mente o en la radio una y otra vez.

Cosas que oímos producto de experiencias reales con los ángeles	**Cosas que oímos producto de la imaginación o una falsa guía**
Oraciones que por lo general inician con *Tú* o *Nosotros*.	Oraciones que por lo general empiezan con *Yo*.
Tienes la sensación de que alguien te habla, aunque sea tu propia voz.	Sientes que estás hablando contigo.
Es obvio que el mensaje tiene que ver con tus dudas o preocupaciones inmediatas.	El mensaje es poco claro o no se entiende.
La voz es directa y categórica.	La voz es vaga e imprecisa.
La voz es cariñosa y positiva, aunque te advierta del peligro.	La voz es burlona, alarmante o cruel.
La voz te pide que actúes de inmediato, cambiando tus pensamientos o actitud para que seas más cariñoso.	La voz habla y especula sobre otras personas.
Estás despierto y oyes que una voz dice tu nombre.	Escuchas palabras agresivas.
Escuchas notas de una hermosa e incorpórea música "celestial".	Escuchas ruidos fuertes y desagradables o música discordante.
El mensaje que escuchas es para que mejores tú o ayudes a los demás.	El mensaje que escuchas es para herirte a ti o a otros.

Ve los mensajes del Cielo

Las experiencias con los ángeles pueden ser cosas que ves estando despierto, dormido o en meditación. A continuación te digo cómo distinguir las visiones verdaderas de las falsas

Visiones producto de experiencias reales con los ángeles	Visiones producto de la imaginación o una falsa guía
Las visitas en sueños parecen más que reales, los colores y las emociones son fuertes.	Los sueños son normales y los olvidas.
Ves chispas o lucecitas de colores.	Tienes visiones de los peores escenarios y no recibes indicaciones para evitar la situación.
La visión te produce una sensación de espontaneidad y naturalidad.	Sientes que estás forzando a que ocurra la visión.
Constantemente ves una pluma, una moneda, un pájaro, una mariposa, un arco iris, una secuencia de números, etcétera, cuando es prácticamente imposible que suceda.	Buscas una señal pero encuentras contradicciones o ves lo que quieres ver.
Tienes la visión del servicio que debes prestar para ayudar a los demás.	Tienes una visión originada por el ego en la que te beneficias a costa de los demás.

Presta atención a los mensajes

No importa que recibas los mensajes de los ángeles en forma de visión, de voz, de idea, de sensación o de una combinación de todos, puedes distinguir los verdaderos de los falsos si prestas atención a las señales que menciono en las listas de las páginas anteriores. Ten la certeza de que si estás en peligro y no es hora de que te vayas, los ángeles te enviarán un mensaje fuerte y claro, no importa en qué forma te llegue. Los consejos relacionados con la vida diaria aparecen con más sutileza, pero en los siguientes capítulos aprenderás cómo aumentar su intensidad y claridad.

Todos tenemos la misma capacidad para comunicarnos con nuestros ángeles porque todos tenemos los mismos dones "espirituales". Parecería que algunas personas tienen más habilidad física, pero eso es sólo porque están dispuestas a escuchar, creer y confiar en sus sentidos espirituales.

El bloqueo más grande que encuentro entre la gente que toma mis cursos para desarrollar sus capacidades psíquicas, es que se esfuerzan mucho para hacer que suceda la experiencia con los ángeles. Están tan desesperados por ver y escuchar a un ángel, que se fuerzan a hacerlo. El miedo nos obliga a forzarnos. Puede ser el temor de que "quizá no puedo ver ni oír", "tal vez no tengo ángeles" o algún otro miedo originado por el ego, el cual no es nada psíquico porque está totalmente basado en el miedo. Sólo el yo superior basado en el amor que habita en nuestro interior puede comunicarse con el Divino.

Así que entre más te relajes, más fácil se dará la comunicación consciente con tus ángeles. La respiración es el mejor inicio, pues el optimismo es lo más parecido a lo que muchos niños que conozco dicen de sus encuentros con los ángeles: "*Claro* que tengo ángeles. ¡Todos tenemos!" A los niños no les importa si los ángeles son producto de su imaginación, simplemente disfrutan y aceptan la experiencia, por eso oyen y ven con facilidad a sus ángeles de la guarda. Si pudiéramos dejar de pensar si la conexión con nuestro Divino es real o no, superaríamos los bloqueos del ego y disfrutaríamos de los dones naturales de nuestro yo superior.

Los ángeles dicen: *"El miedo es un depredador natural del reino psíquico. Manipula y aleja a la psique de su control creativo, pregunta si le permitirías dominar tus estados de ánimo, tu horario y tus decisiones. Debilita a los que son todo poderosos. Tu capacidad de tomar decisiones se ve afectada. No permitas que la fiera del miedo "inter-fiera" con tu felicidad porque el reino de Dios está lleno de bendiciones. Eres más fuerte que las fuerzas del miedo. Tu voluntad divina elimina cualquier oscuridad que el mundo jamás haya visto. La luz de tu Creador siempre alejará la oscuridad si te concentras mentalmente en esa luz interna".*

Así que en lugar de dudar de tu capacidad para comunicarte con los ángeles, mejor recuerda que sí recibes mensajes del Cielo y que esa conexión puede mejorar. En los próximos capítulos, aprenderás a aumentar el volumen y la claridad de los mensajes de tus ángeles.

Cómo sentir
a tus ángeles

Cuando los ángeles o los seres queridos difuntos se acercan mucho a nosotros, podemos sentir su presencia. Mucha gente con la que he platicado recuerda haber sentido cerca de ella a un ser querido difunto en específico. Muchos dicen: "Sí, la otra noche sentí que mi madre estaba conmigo. Fue muy real, pero aún no sé si lo imaginé".

Tendemos a restarle importancia a las sensaciones y no confiamos en ellas. ¿Cuántas veces has tenido el presentimiento de que *no* debes involucrarte en cierta relación, de que *no* debes aceptar determinado trabajo, de que *no* debes comprar cierta cosa o de que *no* debes circular por determinado camino? Pero ignoras la sensación, lo haces y después te arrepientes. Claro que, escuchemos o no a nuestros presentimientos, esas situaciones nos dan la oportunidad de aprender a confiar y escuchar al instinto la próxima vez.

El proceso es el mismo cuando se trata de comunicarte con tus ángeles y seres queridos difuntos. Tienes que confiar en que tus presentimientos son un instrumento de adivinación real y preciso que Dios te dio. En el caso de la presencia de un ser querido difunto, debes confiar en que realmente puedes distinguir la presencia de una persona de otra. Todos somos médiums psíquicos por naturaleza.

La forma en que entras en trance cuando trabajas como médium para otras personas es la misma en la que puedes hacerlo para ti. Cuando hago de médium para un total desconocido, primero pienso en la intención de contactar a los seres queridos difuntos de esa persona. Entonces, aparece el primero. Gran parte de mi contacto con los seres es visual porque ése es mi canal básico de comunicación divina. Pero en un buen pedazo de la comunicación también participan las sensaciones.

Después de la muerte física, la persona aún conserva el patrón de energía y las dimensiones físicas del ser que fue, y eso es lo que percibe el médium. La gente que ve a sus difuntos en forma de apariciones dice que son exactamente iguales a como eran cuando vivían, aunque más jóvenes y más radiantes. He descubierto que los patrones de energía de los muertos son similares a las longitudes de onda del espectro de color. Los ancianos tienen una longitud de onda más lenta y más larga, mientras que las ondas de energía de los adolescentes vibran más rápido. Las ondas de energía de las mujeres son más rápidas que las de los hombres. Así que *sí* puedes ser médium a través de las sensaciones porque percibes las ondas sónares.

La forma de hacerlo es ésta: Cada persona tiene una "huella" única que corresponde a su personalidad, carácter, comportamiento, costumbres y otras características distintivas. ¿Alguna vez has entrado a tu casa y, aunque vives con muchas personas y no tienes evidencia física, sientes que hay alguien? O digamos que estás en la cocina preparando la comida y oyes que se abre la puerta principal, y sin ver sabes quién entró a la casa. Otro ejemplo es cuando entras a un lugar lleno de gente y sientes su estado de ánimo a través de la energía.

De igual forma, cuando tus seres queridos difuntos están cerca de ti, tienen una energía única que puedes sentir. En mis sesiones como médium, descubro que casi todas las personas ya saben qué seres queridos difuntos están cerca, y me consultan solamente para validar sus sensaciones. Por alguna razón, no quieren aceptar que su intuición es real hasta que un "experto" lo confirma.

Ya te imaginarás lo difícil que es para psíquicos profesionales, como yo, arriesgarse y realizar sesiones públicas en televisión, programas de radio y talleres. Cuando hago una sesión en público, desconozco el significado de lo que le digo a la persona. Sin embargo, confío en que mis sensaciones transmitan con claridad la información que estoy dando, y casi siempre la persona dice: "¡Sí, es correcto!". He tenido que practicar mucho, orar, ver la muerte de cerca y equivocarme para lograr este grado de confianza en la intuición. Rezo para que todos alcancemos ese grado de confianza en nuestras sensaciones emocionales y físicas.

Formas comunes de sentir una presencia espiritual

A continuación menciono las formas más comunes de comunicarnos con nuestros ángeles y seres queridos difuntos a través de las sensaciones:

- Hueles el perfume favorito del difunto, u otro aroma distintivo.
- Hueles a flores o humo cuando no hay ramos de flores ni fuego cerca.
- Sientes que alguien te toca, te acaricia el cabello, te empuja, te protege, te tapa con las cobijas o te abraza.
- Sientes que alguien se sienta a tu lado o sientes movimientos en el sillón o la cama donde el animal o la persona muertos se sentaron.

- Sientes que cambia la presión del aire, presión en la cabeza, que algo golpea tu frente, que una esencia espiritual entra a tu cabeza o que algo te jala hacia abajo del agua.
- Cambia la temperatura del aire.
- Sientes euforia o alegría repentinas.
- Tienes la sensación de que la experiencia es surreal.
- Te envuelve una sensación de familiaridad, como si estuviera cerca un difunto que conociste durante mucho tiempo.

Las experiencias reales con ángeles producen calor, seguridad, tranquilidad y consuelo, mientras que las falsas te provocan frío, nervios y miedo, y pueden ser originadas por el ego o un espíritu chocarrero. Estos espíritus son seres a los que les da miedo ir a la Luz Divina de la otra vida, ya sea porque están atados a cosas terrenales (posesiones o adicciones, por ejemplo) o porque les da miedo que Dios los juzgue y los mande al "infierno". Entonces, se quedan cerca de la Tierra e interfieren en la felicidad de los vivos. Encontrarás más información sobre espíritus chocarreros en mi libro *Los trabajadores de la luz (The Lightworker's Way)*.

Un tema "delicado" es el de algunos espíritus chocarreros que se acercan a los vivos para obtener favores sexuales. He conocido muchos viudos y viudas que se consuelan teniendo relaciones sexuales frecuentes con el cónyuge difunto. Aunque esto es totalmente diferente al asunto de mujeres de la Nueva Era que conocí hace poco y que dicen tener relaciones sexuales con desconocidos no físicos del mundo de los espíritus. Me parece que esos encuentros resultan opresivos espiritualmente para los vivos, pues ni un espíritu de nivel elevado ni un ángel se acercarían jamás a los humanos para obtener favores sexuales. Aunque las viudas a la que he entrevistado casi siempre reportan una experiencia sexual positiva, el mensaje que recibí es que esas actividades alientan a los espíritus chocarreros de bajo nivel a quedarse con nosotros. También crean barreras para tener otra pareja porque el pretendiente siente que hay otro amante en el lugar. Por suerte, nadie puede ser "violado" espiritualmente sin su consentimiento. Pero si un ser te acosa (vivo o difunto) y necesitas ayuda, por favor llama al arcángel Miguel para que se lo lleve, te ayudará de inmediato.

Los encuentros imaginarios con entidades de bajo nivel nos dejan sintiéndonos vacíos, mientras que los reales nos recuerdan que nuestros ángeles y seres queridos difuntos siempre están con nosotros. ¿Cómo sabes si es un ángel o un ser querido difunto el que te ayuda? La energía del ángel te jalará hacia arriba y de pronto sentirás mucho amor o alegría sin saber por qué. O sentirás un fuerte presentimiento, y si le haces caso, tu vida cambiará de manera milagrosa. En el caso de un ser querido difunto, tendrás una sensación familiar y es posible que puedas identificar a la persona, seguido tal vez de un abrazo, una caricia, un cambio en la presión del aire o un aroma distintivo.

También puedes recurrir a las sensaciones para "probar" una intuición y fijarte cómo reaccionas. Por ejemplo, digamos que tienes el presentimiento de que debes mudarte a otro sitio, pero estás indeciso porque no sabes cómo se verá afectada tu familia, amigos y carrera con el cambio. Aunque no sabes bien qué sucederá con ellos, "le apuestas al futuro" y haces caso a tu intuición divina.

Imagina que sigues viviendo en el mismo lugar y concéntrate en las sensaciones que te provoca. ¿Tu corazón se siente lleno de alivio, tristeza, alegría u otra emoción? ¿Alguna parte de tu cuerpo se tensa o se relaja en respuesta a la imagen mental?

Ahora compara las sensaciones emocionales y físicas producidas cuando imaginas que te mudas. Las sensaciones son sistemas de medición muy precisos de los deseos de tu alma y voluntad divina, que es una con la voluntad de Dios.

Cómo incrementar tu sensibilidad

Si por lo general no eres sensible a las sensaciones (clarisensible), recurre a los siguientes métodos para abrir este importante canal de comunicación divina. Cuando nos volvemos más sensibles a nuestras emociones y sensaciones físicas, la vida se enriquece, las relaciones se hacen más profundas y sentimos más compasión y amor divinos, comprendemos mejor a los demás, nos equilibramos mejor y estamos más aptos para identificar y hacer caso a la intuición.

A continuación te presento algunos métodos que aumentan tu sensibilidad:

– *Duerme cerca de cristales de cuarzo transparentes.* Compra una "punta" (un cilindro que termina en punta) de cuarzo transparente en cualquier tienda de gemas o librería que venda libros de metafísica. Deja que la luz del sol bañe el cristal por lo menos durante cuatro horas para limpiar los residuos psíquicos del dueño anterior. Después, pon una o más de estas puntas de cristal en el buró o debajo de la cama. Si es en el buró, recarga los cristales de lado con la punta hacia tu cabeza. Si los pusiste debajo de la cama, la punta debe estar dirigida hacia la cabeza o el corazón. Cuando te vuelvas más sensible, tendrás que mover los cristales para que la punta ya no dé hacia ti. Incluso podría ser necesario que los alejes de tu cama. A las personas muy sensibles les da insomnio cuando los cristales están muy cerca del lugar donde duermen.

– *Trabaja con aroma de rosas rosas o con aceite de rosa.* El olor de las rosas rosas abre el chakra del corazón, que es el centro de energía que regula la sensibilidad. Ten cerca de ti una rosa rosa y respira su olor con frecuencia; o compra un aceite esencial de buena calidad hecho con rosas de verdad y no sintéticas. Pon aceite en tu corazón y cerca de la nariz para que disfrutes de su aroma continuamente.

— *Usa un collar de cuarzo rosa.* El cuarzo rosa abre el chakra del corazón, igual que las rosas rosas. Esta hermosa piedra rosa está en sintonía con el chakra del corazón y además de abrir nuestra sensibilidad, nos ayuda a atraer bendiciones románticas a nuestra vida.

— *Aumenta tu sensibilidad con ejercicios de contacto físico.* Cierra los ojos y toma un objeto de tu escritorio. Tócalo lenta y pausadamente, sintiendo hasta los mínimos detalles y texturas. Frótalo en el dorso de la mano y brazo, presta atención a las sensaciones que te provoca. Pide a un amigo en quien confíes que te vende los ojos y te dé objetos que el tacto no conoce o que te dé a probar comida. Dirige toda la atención a tus sensaciones emocionales y físicas e intenta adivinar qué es.

— *Sintoniza tu cuerpo con ejercicio cardiovascular y comida ligera.* Cuando nos sentimos cansados, pesados o lentos, nos cuesta más trabajo distinguir nuestras sensaciones. Trotar, caminar a paso ligero, hacer yoga u otro ejercicio cardiovascular nos ayuda a entender con más precisión el significado y los mensajes de nuestra sensibilidad. De igual forma, comer alimentos ligeros y sanos evita que nos sintamos mal. La pesadez o sensación de satisfacción provocada por la comida bloquea la percepción de la intuición divina. Todo lo que haga sentir mejor a tu cuerpo, incluyendo masajes, siestas, baños de burbujas, incrementará tu sensibilidad a las sensaciones.

Protégete

Las personas clarisensibles se quejan de que son *muy* sensibles. "Absorbo la energía tóxica de los problemas de otras personas" y "Me canso mucho porque percibo las emociones de todos", son las dos quejas principales de las personas sensibles a las sensaciones.

Irónicamente, los clarisensibles eligen profesiones que aumentan su contacto con la gente. Masajistas, sanadores de energía, médicos y terapeutas son algunas de las ocupaciones comunes de la gente que comprende al mundo a través de las sensaciones. Y aunque son excelentes profesionales, deben protegerse para no absorber los residuos de las emociones negativas de sus pacientes.

Hay dos formas de resolver este problema: medidas preventivas y limpieza. Las primeras son escudos que te protegen de las energías tóxicas de los demás, y la limpieza es para eliminar las energías tóxicas que *ya* absorbiste, entre ellas las provocadas por tus propios pensamientos de miedo.

Escudos protectores

Las medidas preventivas se parecen un poco a los anticonceptivos, no son totalmente efectivos pero te brindan una buena protección. Hay miles de escudos protectores, yo sólo menciono mis dos favoritos.

1. *Música*. Cuando escribí la parte guiada de este libro, me encantó recibir la información del capítulo de la música. Como recordarás, los ángeles dijeron que la música es un escudo psíquico que nos envuelve con energía protectora. Entonces, cuando se presenten situaciones estresantes, es una buena idea que escuchemos música continuamente.

La música no es nada más una medida preventiva, también es un medio de limpieza. El arcángel Sandalfon es el Ángel de la Música y trabaja con el arcángel Miguel para eliminar los efectos del miedo con música. Llama a Sandalfon para que te ayude a elegir la mejor música para las diferentes circunstancias. Cuando medites, pon música y pídele a Sandalfon que trabaje con ella para protegerte y limpiarte.

2. *Luz rosa.* Los ángeles me enseñaron este método un día que estaba en el gimnasio. Saludé a una mujer que nunca había visto y que se cruzó conmigo en el área de las pesas. Empezó a contarme sobre sus múltiples operaciones quirúrgicas con todo detalle. Yo sabía que necesitaba desahogarse y buscaba un oído que la escuchara, sin embargo también me di cuenta que estaba generando energía tóxica con su infinito discurso de males y enfermedades.

Pedí ayuda a mis ángeles mentalmente. Me respondieron de inmediato: *"Envuélvete en un tubo de luz rosa".* Me visualicé dentro de un cilindro alto de luz rosa, como si me hubiera metido a un tubo de lápiz labial, que sobrepasaba mi cabeza y mis pies.

Los ángeles me recordaron: *"No te gustó protegerte con luz blanca porque sentías que te alejabas de los demás. Como tu misión es estar en contacto con gente y no aislarte (como lo hiciste en tu vida anterior), dejaste de usar el escudo de luz blanca".*

Sus palabras eran ciertas. Aunque sabía mucho sobre escudos de protección, pocas veces los usaba porque no quería aislarme de la gente a la que daba terapia. Una vez trabajé con un psiquiatra que daba terapia a la gente detrás de un enorme escritorio de roble, y siempre creí que lo utilizaba como barrera para evitar intimar emocionalmente con sus pacientes, aunque también como símbolo de poder. Yo no quise usar luz blanca durante mis sesiones porque sentía que me alejaba de mis pacientes.

"Fíjate que este escudo de luz rosa es muy diferente, mira cómo irradia intensa energía de amor divino hacia esta mujer. También observa que transmite bella y fuerte energía divina hacia ti. Nada que no sea energía proveniente del amor divino puede traspasar este escudo de luz rosa. Así, puedes estar con esta mujer sin atraer sus ilusiones de sufrimiento".

Desde ese día, uso y enseño la técnica del escudo rosa con excelentes resultados y retroalimentación positiva de aquellos a quienes se las enseñé. ¡Gracias, ángeles!

Limpieza

A veces nos sentimos cansados, irritables o deprimidos sin saber por qué. Con frecuencia es porque estamos en contacto con la negatividad de otra gente. Si tu profesión es de servicio, tu exposición a las emociones tóxicas es especialmente alta, y es esencial que te limpies esas energías con regularidad.

Ahora te presento mis tres métodos de limpieza favoritos:

1. *Plantas:* Quizá la manera más sencilla de quitarte los desechos psíquicos es con ayuda de la Madre Naturaleza. Las plantas no sólo convierten el dióxido de carbono en oxígeno limpio, también transforman las energías bajas. Las plantas son muy útiles para limpiar nuestro cuerpo de las toxinas de energía.

   Los ángeles nos piden que tengamos plantas junto a la cama. ¡Una maceta en el buró hace maravillas mientras duermes! Absorbe la energía densa que ingeriste durante el día y la envía a los ángeles. No te preocupes, no le hace daño a la planta.

Si trabajas con gente, pero sobre todo si eres masajista o terapeuta (y debes abrirte para recibir la negatividad que liberan los pacientes), coloca plantas cerca de tu espacio de trabajo. ¡Este sencillo paso te hará sentir más fresco al final del día! Los ángeles dicen que las plantas de hoja ancha son las mejores porque absorben campos de energía más grandes. Así que un filodendro o un pothos son una buena opción. Evita las plantas con hojas terminadas en punta. Curiosamente, el feng shui, el antiguo arte chino de la colocación, también sugiere evitar las plantas con hojas puntiagudas, pues parece que su forma de espada corta el flujo de energía positiva.

2. *Corte de cordón etéreo:* Quienes trabajan con otras personas, ya sea por profesión o por ayudarlos sin cobrar un centavo, deben saber que existen cordones etéreos y cómo eliminarlos. Si en una relación una persona desarrolla un apego basado en el miedo (como temor a que lo dejes, o la creencia de que tú eres su fuente de energía o felicidad), entre ambos se forma un cordón, el cual puede ser visto por los clarividentes y tocado por los intuitivos.

Los cordones son como tubos quirúrgicos que funcionan como mangueras de gasolina. Cuando una persona necesitada crea un apego hacia ti, succiona tu energía a través de este cordón etéreo. No lo ves, pero sí sientes sus efectos: estás cansado o triste sin saber por qué, por ejemplo. Y eso se debe a que el individuo que está del otro lado del cordón etéreo absorbe tu energía o te envía energía tóxica a través del cordón.

Así que cuando ayudes a alguien o si te sientes aletargado, triste o cansado, lo mejor es que "cortes los cordones". Al hacerlo, no estás rechazando, abandonando, ni separándote de la persona, simplemente estás eliminando la parte disfuncional, temerosa y codependiente de la relación. El lado de amor sigue intacto.

Para cortar tus cordones, di mentalmente o en voz alta:

"Arcángel Miguel, te necesito ahora.
Por favor, corta los cordones de miedo
que están absorbiendo mi energía y vitalidad.
Gracias".

Después guarda silencio unos minutos. Inhala y exhala profundamente durante el proceso, pues la respiración abre la puerta para que los ángeles entren a ayudarte. Es posible que sientas cómo te cortan o te sacan los cordones, que percibas que la presión del aire cambia u otras señales de que los cordones están siendo cortados.

La gente que está del otro lado del cordón pensará en ti en ese momento sin saber por qué. Tal vez recibirás muchos mensajes telefónicos o correos electrónicos que digan "estaba pensando en ti" de parte de la gente a la que estabas "pegado". No pienses en ellos con culpa, recuerda que *tú* no eres la fuente de energía o de felicidad, sino Dios. Los cordones crecerán cada vez que una persona cree un apego hacia ti basado en el miedo. Así que córtalos cuando sea necesario.

3. *Limpieza con aspiradora:* Cuando una persona nos importa, nos culpamos por la tristeza que siente, o si le damos masaje a un individuo que sufre emo-

cionalmente, absorbemos su energía psíquica negativa pues creemos que así estamos ayudándolo. Todos hacemos esto, sobre todo los trabajadores de la luz cuya misión principal es ayudar a los demás, con frecuencia a costa de sí mismos. Los ángeles nos regalan métodos como éste para conservar el equilibrio sin dejar de hacer nuestro trabajo de servicio. Quieren que ayudemos a otras personas, pero sin lastimarnos en el proceso. Es cuestión de estar receptivos a la ayuda de otros, incluidos los ángeles. Muchos trabajadores de la luz son muy buenos para dar asistencia, pero no para recibirla. Este método sirve para contrarrestar esa tendencia.

Para que los ángeles te aspiren, di mentalmente: *"Arcángel Miguel, te llamo para que limpies y aspires los efectos del miedo"*. Entonces, verás o sentirás mentalmente que aparece un ángel grande, él es el arcángel Miguel. Vendrá acompañado de ángeles más pequeños conocidos como el *"Grupo de la Piedad"*.

Miguel sostiene un tubo de aspiradora, fíjate cómo lo mete por la parte superior de tu cabeza (conocida como el *"chakra de la corona"*). Tú decides si la velocidad del aspirado es extra alta, alta, media o baja, y también lo diriges para que ponga el tubo de la aspiradora donde tú quieras. Visualiza que el tubo entra por tu cabeza y recorre tu cuerpo alrededor de los órganos. Pasa la aspiradora por todos los rincones, hasta la punta de los dedos de las manos y los pies.

Tal vez sientas o veas que montones de basura psíquica pasan por el tubo de la aspiradora, como si estuvieras aspirando un tapete sucio. Las entidades que pasan por la aspiradora son tratadas de manera humanitaria en el otro extremo por el Grupo de la

Piedad, cuyos miembros las reciben y acompañan a la Luz. No dejes de aspirar hasta que ya no pase más basura psíquica por el tubo.

En cuanto estés limpio, el arcángel Miguel apagará el motor de la aspiradora, pero por el mismo tubo te enviará luz blanca espesa, como pasta de dientes. Este material "pastoso" llenará los espacios donde antes había basura psíquica.

La técnica de la limpieza con aspiradora es uno de los métodos más poderosos que he usado. También puedes utilizarlo en otros individuos, ya sea en persona o a distancia. Sólo piensa en la intención de ayudarlos con este método y así será. No importa que no veas ni sientas con claridad algo durante el proceso, o que pienses: "¿Estoy inventándolo?", los resultados serán evidentes. Durante las sesiones de aspirado mucha gente siente cómo desaparece la depresión y deja de sentir ira.

Mantente en contacto con tus sensaciones

Con la práctica, aprendes a distinguir las sensaciones y estás en mejores condiciones para confiar en su sabiduría. Si a tu repertorio espiritual incorporas tus ideas y pensamientos, contarás con dos vías para recibir y escuchar el consejo divino. En el siguiente capítulo hablaré del poder del clariconocimiento, o pensamientos del Cielo.

Cómo reconocer y recibir ideas divinas y pensamientos profundos

Se llama clariconocimiento, o "conocimiento claro", a la certeza de que sabes algo, pero no sabes *cómo*. Tal vez te ha pasado que estás conversando con alguien sobre un tema que apenas conoces, pero tu interior te dice una o dos verdades y te aferras a esa información sin tener evidencia que la respalde. Tu amigo te pregunta: "*¿Cómo* sabes?" y lo único que le respondes es: "Lo sé, nada más".

Es posible que varias veces te hayan llamado "sabelotodo" y hay algo de cierto en eso. *Sabes* mucho, pero no sabes a ciencia cierta por qué conoces toda esa información.

Muchos de los grandes inventores, científicos, escritores, futuristas y líderes usan el don del clariconocimiento para entrar al inconsciente colectivo y adquirir nuevas ideas e inspiración. Por ejemplo, Tomás Alva Edison dijo: "El progreso y el éxito surgen del pensamiento". Se dice que Edison y otros inventores importantes meditan para recibir el flujo de ideas e inspiración.

La diferencia entre alguien que simplemente recibe la información y alguien que se beneficia con ella, es la capacidad de aceptar que se trata de un don útil y especial. Así que muchas personas que tienen el don del clariconocimiento piensan que la información que reciben es obvia para los demás y se dicen: *Todos lo saben.* Entonces, dos años después, descubren que la brillante idea que concibieron fue puesta en práctica y comercializada por otra persona. Por eso, el desafío para aquellos que reciben guía divina en forma de pensamiento, idea o revelación es aceptar que se trata de información única que *podría ser la respuesta a sus plegarias.*

Digamos que has estado rezando para que el Divino te ayude a dejar tu empleo y te dediques a trabajar por tu cuenta. Entonces, recibes la idea de poner un negocio que ayudaría a otros, y ésta se repite una y otra vez (dos características que indican que se trata de la verdadera guía divina). ¿Desechas la idea pensando: *Bueno, todos sueñan con trabajar por su cuenta, así que sólo son castillos en el aire?*

He descubierto que a los individuos que tienen el don del clariconocimiento les hace muy bien salir a tomar una buena dosis de aire fresco, lejos de su computadora y oficina. Muchos de ellos dedican su vida a trabajar, provocando un desequilibrio en las áreas del ejercicio físico, el entretenimiento, la familia, la espiritualidad y las relaciones. Si les dedicaran un poco más de tiempo, podrían escuchar con más claridad las ideas que provienen de la Mente Infinita.

Criterio contra discernimiento

Las personas que confían en la comunicación con los ángeles tienen un mayor coeficiente intelectual (IQ, por sus siglas en inglés) que la gente promedio; por lo general, son ávidos lectores con una amplia variedad de intereses que indican que tienen un IQ más alto que la gente común y corriente.

Un elemento clave para tener acceso a esa conciencia intelectual es la capacidad de diferenciar cuando recurres al discernimiento y cuando confías en el criterio. Existen diferencias fundamentales entre ambos comportamientos intelectuales que determinan los resultados espirituales.

Empecemos con el ejemplo del cigarro. Es posible que conozcas muchos estudios que demuestran que fumar provoca varias enfermedades y riesgos para la salud. El discernimiento te dice: "No me gusta fumar ni me agradan los fumadores, pero no me molestan ni el olor ni sus efectos". El criterio diría: "Fumar es malo, los fumadores son malos". ¿Ves la diferencia? El discernimiento se rige por la "Ley de la atracción", que te pide que respetes tus preferencias personales sin que las condenes ni las juzgues.

De igual forma, si no estás seguro de que una idea provenga de la guía divina, escucha a tu mecanismo interno de discernimiento. El viejo dicho: "Si dudas, no lo hagas", es muy cierto. Tu computadora interna sabe si algo es o no es. Tal vez no sea necesario que deseches la idea completa, sino que revises y analices algunos de sus componentes.

Es posible que debas recurrir a expertos en áreas que desconoces, y si ése es el caso, pide mentalmente a Dios y a tus ángeles que te conduzcan a ellos, y te sorprenderá ver con qué rapidez se presentan ante ti.

Yo viví ese fenómeno cuando sentí que debía escribir un libro sobre vegetarianismo. Sabía que debía buscar un colaborador que fuera nutriólogo titulado, con tendencias espirituales y además que supiera de vegetarianismo. Llena de fe, le pedí a Dios que me ayudará a encontrar a esa persona. Tres semanas después, en uno de mis talleres, una nutrióloga titulada de nombre Becky Prelitz se presentó conmigo. Había venido a mi conferencia porque estaba inmersa en el mundo espiritual. *¡Es la mujer que estaba esperando!*, pensé para mí. Entre más hablaba con Becky, más me convencía de que era la experta que Dios me había enviado. Hoy, Becky y Christopher, su esposo, son buenos amigos de Steven, mi esposo, y yo. Nuestro libro *Alimentándose en la luz: Cambiando al vegetarianismo mediante el camino espiritual (Eating in the Light: Making the Switch to Vegetarianism Along the Spiritual Path)*, se publicó en 2001.

Formas más comunes del clariconocimiento

A continuación menciono algunas de las formas en las que recibes información divina a través de tus pensamientos e ideas:

- Conoces a alguien y resulta que sabes detalles de él o ella, pero nunca lo(a) habías visto.

- Sabes información sobre sucesos actuales, pero no habías oído ni leído al respecto.

- Tienes la premonición de qué va a suceder con algo (un negocio, un viaje de descanso o una relación, por ejemplo)... y resulta cierto.

- Se te ocurre la idea de un negocio, un libro o un invento que no te deja en paz. La pones en práctica y descubres que funciona favorablemente. O la ignoras y te das cuenta de que otra persona llevó a cabo la misma idea e hizo una fortuna.

- Pierdes tu chequera, llaves o billetera, le pides a los ángeles que te digan dónde están y de repente sabes dónde las dejaste.

El verdadero clariconocimiento divino es repetitivo y positivo. Te indica cómo puedes mejorar tu vida y la de los demás. Está orientado al servicio y es posible que la idea te vuelva rico y famoso, pero eso es un beneficio secundario y *no* la motivación. De hecho, es común que este tipo de ideas altruistas produzcan beneficios a sus creadores. Por lo general, las personas que inician negocios para servirse a sí mismos repelen a clientes potenciales, a quienes la idea les parece hueca. Louise L. Hay, mi publicista y maestra, una vez me dijo que su vida económica sanó cuando empezó a concentrarse en dar servicio y no en lo que pudiera recibir. Cuando apliqué ese mismo principio a mi vida, descubrí los increíbles efectos curativos que produjo en mi felicidad, en mi carrera y en mis ingresos.

Podría decirse que el verdadero clariconocimiento te ayuda a "construir una ratonera mejor" o hacer algo que realmente beneficia a los demás, y de esta manera inspira a la gente para que te busque como cliente, patrocinador, público, publicista, etc. Esta fuerza proviene del Creador, quien conoce tus verdaderos talentos, pasiones e intereses y sabe cómo puedes usarlos para ayudar a otros. En épocas bíblicas, el dinero se conocía como "talentos", y *tú* tienes talentos que puedes intercambiar por dinero.

El clariconocimiento verdadero no sólo presenta ante tus ojos un sueño y te provoca para que descubras cómo manifestarlo. ¡No! Te indica paso a paso cómo hacerlo. Aunque lo importante es recordar que Dios te guía un paso a la vez. Recibes la información en forma de ideas repetitivas (o sensaciones, visiones o palabras, según tu orientación espiritual) que te sugieren que *hagas algo*. Por lo general, ese "algo" parece insignificante: llamar a una persona, escribir una carta, asistir a una reunión, leer un libro, por ejemplo. Si sigues las instrucciones y concluyes el paso A, entonces de la misma forma repetitiva, recibes las indicaciones para el paso B. Paso por paso, Dios te guía hacia la realización de tu manifestación.

Siempre puedes hacer uso del libre albedrío y puedes ignorar la manifestación cuando quieras. Sin embargo, mucha gente descubre que si no termina el paso uno de la guía divina, se siente abatida, como si diera vueltas en círculos en el lodo. Cuando las personas me dicen que se sienten bloqueadas, les pregunto: "¿Qué parte de la guía divina recibes continuamente pero la ignoras?" Siempre descubro que esa guía (que evitan porque les da miedo cambiar su vida) es la pieza clave que buscan.

Los ángeles te envían ideas en respuesta a tus oraciones. Recibes esta información divina en los momentos en que tu mente está receptiva, como cuando duermes, meditas, haces ejercicio o estás viendo un programa de televisión o película (cuando tu mente tiende a navegar tranquila). Las ideas producto de la guía divina te hacen sentir emocionado y lleno de energía, y es importante que no las contrarrestes con pensamientos pesimistas. La idea parece real y sabrás, en el fondo de tu alma, que así es. Claro, las ideas pueden fracasar, ¡pero también tener éxito! Y al final del día, intentarlo es lo que le da sentido a tu vida.

Si en el pasado has tenido experiencias negativas con las corazonadas, es comprensible que te sientas desanimado y que por eso hayas decidido ir a lo seguro evitando hacer cambios importantes en tu vida. Está bien, siempre y cuando estés contento con las circunstancias actuales. Pero si un área de tu vida está desequilibrada, es natural (para Dios y los ángeles también) que quieras sanar la situación. Eso se llama "homeostasis", el impulso instintivo de lograr el equilibrio que debe haber en todas las cosas vivas.

Escepticismo, pragmatismo y fe

Cuando se trata de fe, la mayoría de los individuos con el don del clariconocimiento se agita. Si eres pensador, es fácil que te consideres escéptico, la fe parece ilógica porque se basa en muchos factores intangibles.

Pero un buen científico siempre experimenta antes de sacar conclusiones. No importa si tu hipótesis se inclina a favor de los ángeles o no, date tiempo para ponerla a prueba. Por ejemplo, Dios y los ángeles escuchan nuestros pensamientos (tranquilo, no los critican), así que puedes llamar al Cielo sin provocar la incredulidad de tus colegas. Mentalmente, pide a tus ángeles que te ayuden en alguna área de tu vida personal o profesional.

Entonces, fíjate qué ayuda recibes después de hacer la petición. Puede ser una respuesta instantánea en la que sientas un fuerte impulso o idea, o puede presentarse de manera más tangible en la que una persona te entregue "por casualidad" un artículo de periódico con la información que buscas. Los dos elementos clave de este experimento son: (1) *pedir* ayuda (la Ley del libre albedrío evita que el Cielo te ayude sin tu permiso), y (2) *prestar atención* a la ayuda recibida.

Estar consciente de esta clase de asistencia es totalmente diferente a iniciar una búsqueda desesperada de pistas. La guía falsa es producto de la lucha interna y la preocupación, la verdadera guía divina se presenta fácilmente en las alas naturales del amor.

Sé que muchas personas con el don del clariconocimiento tienen experiencias con sus seres queridos difuntos en las que saben que su abuelo, su padre u otro ser querido está con ellas. Sin ver o sentir la presencia del difunto, *reconocen* la cercanía del ser querido.

Esta misma clase de reconocimiento hace que los poseedores del clariconocimiento también puedan aplicarlo a otras áreas de su vida como la carrera, la familia y la salud. Sin saber cómo, saben información certera y útil. Entre más confíes y hagas caso a dicha información, más beneficios obtendrás de tu sistema interno de guía.

Por ejemplo, tal vez tengas la idea de abrir un negocio, la cual es infalible y te preguntas por qué no se te ocurrió antes. Sigues adelante con ella y se te abren todas las puertas: el dinero, el local, los socios y más. El negocio tiene éxito rápido y sabes que fuiste guiado por la verdadera sabiduría divina.

El programa de mentores espirituales

En el Cielo hay muchos seres que quisieran ayudarte, y no todos son ángeles de la guarda; algunos son personas comunes y corrientes que murieron y desean con ansia enseñar y ayudar a los vivos. Muchas de ellas son sumamente talentosas y diestras, y forman parte de lo que se conoce como el "Programa de mentores espirituales".

En la tierra, un mentor es una persona diestra en su campo de estudio o profesión que te enseña cómo funcionan las cosas, te da consejos, te guía y te introduce. El Programa de mentores espirituales es similar porque se te asigna un experto que se dedica a guiarte a través del proceso relacionado con tu vocación o pasatiempo.

Puedes trabajar con difuntos famosos o con gente desconocida, pero maravillosa del mundo de los espíritus. A la mayoría le da mucho gusto transmitir sus conocimientos, pues ayudar a otros los hace felices, así como tú disfrutas haciendo tu trabajo de servicio. ¡Y no cobran por su trabajo, así que puedes recibirlos en tu casa y en pijama!

La primera vez que sentí la necesidad de recurrir a un mentor, elegí a un escritor en específico al que admiro mucho (no me permite decir su nombre porque siente que alimentaría su ego). Mentalmente le pedí que me ayudara a escribir el libro *Los trabajadores de la luz (The Lightworker's Way)*, e inmediatamente vino en mi auxilio. Aunque apenas podía verlo, sentí su presencia muy fuerte a nivel auditivo, de sensaciones y de conocimiento.

Me sorprendió tanto que el escritor me visitara (¡estaba impactada!), que no supe qué decir. Trastabillaba: "Tú... tú... estás aquí". Entonces, él me dijo: "Es obvio que no estás preparada. Por favor, llámame cuando estés en mejores condiciones para trabajar conmigo".

En esa época, empezaba a dar sesiones psíquicas a gente famosa a la que respetaba profundamente. Me di cuenta que mi admiración por su trabajo hacía que me sintiera intimidada por ellos. Me comportaba diferente con esas celebridades a como lo hacía con la gente "normal". Eso me molestaba porque sabía que era un asunto de ego. Significaba que consideraba a los famosos "superiores" a mí, en otras palabras, lejanos a mí.

Así que le pedí a Jesús y a los ángeles que me visitaran en sueños y eliminaran el ego que me hacía pensar que había gente superior o inferior a mí. ¡Como siempre, la petición fue respondida de inmediato! En la mañana sentí el cambio. No sé decirte *cómo* pasó, sólo sé que *pasó*. Desde entonces, no volví a sentirme intimidada por gente a la que admiro.

Desde ese día, he pedido la ayuda de más mentores. Una vez, estaba trotando y sentí un fuerte dolor en el costado del estómago (conocido como "dolor de caballo"). De inmediato pedí ayuda y me llevé una agradable sorpresa cuando reconocí al hombre del mundo espiritual que vino a ayudarme, era Jim Fixx, el autor de *La guía completa del corredor (The Complete Book of Running)*. Me pidió que me concentrara en conservar la cabeza levantada mientras corría en lugar de moverla de un lado a otro. Cuando dejé de hacerlo, el dolor se detuvo y no he vuelto a sentirlo. Jim también me ayuda con la resistencia y la velocidad cuando corro.

A la gente que asiste a mis talleres le hablo sobre el Programa de mentores espirituales, y la mayoría ha logrado "adoptar" un mentor del Cielo. Algunos de estos mentores son inventores, escritores, sanadores y músicos famosos ya difuntos. Por ejemplo, un estudiante de medicina de Chicago le escribe cartas a Albert Einstein y recibe orientación; una escritora de canciones de Atlanta mantiene correspondencia con John Denver con la escritura automática, y un arquitecto de la región central habla con Miguel Ángel para inspirarse.

Para entrar al Programa de mentores espirituales, basta con que pienses en un ser con quien quisieras comunicarte. Si no se te ocurre alguien en especial, pide a Dios y a los ángeles que te asignen a una persona experta en un área específica, como yo hice cuando estaba corriendo.

Y aunque no veas, escuches, ni sientas la presencia de tu nuevo mentor, igual hazle una pregunta. Puedes escribirla en una hoja, en la computadora o máquina de escribir, pensarla o decirla en voz alta. El mentor la escuchará, no importa cómo la hagas.

Fíjate en las respuestas que te llegan en forma de pensamientos, palabras, sensaciones o visiones. Es una buena idea que escribas las preguntas y las respuestas, como si fuera una entrevista. En la página 265 encontrarás la explicación completa de la "escritura automática".

No importa si crees que los mensajes de tu mentor espiritual son literales o figurativos, descubrirás que escribir las preguntas y las respuestas, que recibes en forma de ideas, palabras, sensaciones o visiones, te abre a nuevas ideas y sensaciones creativas.

Cómo incrementar el clariconocimiento

Como el clariconocimiento se presenta de manera sutil, en forma de pensamiento o idea, es fácil pasar por alto este elevado método de comunicación con el Cielo. Puedes ignorar tu idea o pensamiento de inspiración divina sin reconocerlo como la respuesta a tus oraciones. Es posible que confundas la inspiración celestial con una idea falsa o un sueño.

Quienes tienen el don del clariconocimiento también ignoran la guía divina porque creen que lo que saben es obvio para los demás. "¡Todos saben eso!", dirán y no descubrirán la brillante idea que acaban de recibir. Tampoco ayuda que se burlen de muchos de ellos llamándolos sabelotodo, pues eso provoca que no hablen por temor a ser ridiculizados. No obstante, ese sobrenombre tiene un toque de verdad, pues tienen acceso al inconsciente colectivo.

Es importante que le prestes mucha atención a tus ideas y pensamientos, entre ellos los pensamientos repetitivos y las ideas originales. La guía divina llega en forma de pensamientos que te acosan con sugerencias, pero también como inspiraciones directas. Una de las mejores maneras de ponerle atención a esta clase de guía es llevando un diario donde puedas expresar tus ideas y pensamientos. El contenido del diario puede ser como el de una entrevista con tu yo superior, con el formato de pregunta y respuesta. De esta forma, es más fácil que recuerdes la información del inconsciente.

No te cuestiones cuando tengas un pensamiento, mejor dale la oportunidad de expresarse. Pregunta a los pensamientos e ideas: "¿Qué quieres decirme?" Podría tratarse de una corazonada como: "La persona que acaban de presentarme no parece de fiar". O puede ser una idea que te ayude a *conocer* la verdad de un principio espiritual, o la idea galopante de que no puedes dejar pasar ese nuevo negocio.

Si llevas un diario, puedes analizar los patrones y la exactitud de tus ideas y pensamientos. Aprenderás a reconocer qué pensamientos son realmente inspirados por el Divino. Es posible que tengas la costumbre de ignorar tus pensamientos y después decir: "¡*Sabía* que esto iba a pasar!", o "¡*Sabía* que no debía ir!" Nuestros aciertos y errores nos enseñan a escuchar y confiar en el instinto.

También sé que muchas personas sensibles a las ideas (a diferencia de las sensibles a las sensaciones, visiones y sonidos) son adictas al trabajo. Con frecuencia, se encierran en sus oficinas y pegan sus sillas frente a la computadora. Está bien que le dediques tiempo al trabajo, siempre y cuando sea equivalente al tiempo que dedicas a distraerte. Aunque por lo general, tengo que pedirle a quienes poseen el don del clariconocimiento que salgan y se pongan en contacto con la naturaleza, ¡la cual está lejos de su zona de confort!

Pero una vez afuera, descubren que el aire fresco, las plantas y los árboles les ayudan a agudizar sus sentidos psíquicos. Se vuelven más receptivos y conscientes de su inspiración divina. La paz del exterior hace que escuchen con más facilidad sus pensamientos y que tomen notas de las buenas ideas. Cuando nos dedicamos tiempo a nosotros mismos, nos desconectamos de los relojes y los teléfonos. Nos sintonizamos mejor con el ritmo interno de nuestro cuerpo y de toda la naturaleza. Entre otros beneficios, estar al aire libre nos ayuda a desarrollar una "buena sincronización", que realmente significa que escuchemos y sigamos el ritmo de la vida. Volvemos a la oficina con instintos más agudos y sabemos cuándo es el mejor momento de hacer esa llamada telefónica, enviar ese correo electrónico o participar en una reunión. El tiempo que pasamos al aire libre también nos inspira para deslindarnos por completo de la oficina y construir una carrera que satisfaga mejor el deseo de nuestro corazón.

Clariconocimiento verdadero y falso

Algunas personas no hacen caso a la intuición porque en el pasado tuvieron experiencias negativas. Quizá un día tuviste una gran idea, pero cuando la pusiste en práctica todo se volvió un desastre. Entonces decides que jamás volverás a confiar en tus ideas.

Por lo general, en estas situaciones interviene dos patrones:

1. *Tu idea inicial provenía del Divino, pero el miedo te sacó del camino.* Cuando recibiste la idea, ésta venía de la guía divina, que siempre tiene su origen en el amor, pero en alguna parte del camino te asustaste. Ese miedo bloqueó tu receptividad para continuar con la guía y las ideas, te sacó del sendero original y desencadenó actitudes y decisiones provenientes del ego. Cuando hacemos equipo con el ego, la infelicidad y los errores son inevitables.

   Por ejemplo, una mujer que conocí llamada Berenice tuvo la magnífica idea de comenzar un negocio en casa como entrenadora física personal. La idea parecía perfecta, pues era un servicio que ayudaría a otros en el campo que a ella le gustaba, y le permitiría quedarse en casa con su hijo pequeño ganando un poco de dinero. Así que Berenice de-jó su empleo e inició el negocio en su casa. El pri-mer mes, se inscribieron cinco personas, que le proporcionaron el dinero suficiente para pagar las cuentas y un poco para ahorrar.

Pero entonces a Berenice le preocupó que su éxito inicial se acabara. *¿De dónde sacaría más clientes?* Después de darle vueltas a su futuro durante algunos días, Berenice decidió hacerse publicidad en varios periódicos. También compró folletos de colores con papelería y tarjetas de presentación haciendo juego. La inversión fue alta, pero Berenice decidió que necesitaba "gastar dinero para ganar dinero".

Al mes siguiente, sólo se inscribió un cliente nuevo. Entonces, se preocupó más por el negocio e invirtió más dinero en publicidad. Pero ninguno de sus esfuerzos dio fruto y a los cuatro meses, Berenice decidió volver a su antiguo empleo para asegurar un ingreso fijo.

¿Qué pasó?, se preguntaba. Al analizar la situación, descubrimos que Berenice sí recibió consejo divino para iniciar el negocio, el cual fue reforzado por el éxito del principio, que le dio dinero suficiente para pagar las cuentas y ahorrar un poco. Pero cuando Berenice dejó que el miedo entrara a escena, las cosas empezaron a atorarse. Fue entonces cuando comenzó a forzar las cosas para que sucedieran con publicidad mal enfocada y compras innecesarias. Sus gastos se elevaron y sus ingresos disminuyeron porque hizo caso a los miedos del ego y no la reafirmación y guía del yo superior.

2. *En lugar de reconocer la guía divina, fuerzas las cosas para que sucedan o escuchas la opinión de otra persona e ignoras a tu maestro interno.* A veces, oímos lo que queremos oír y decidimos que "eso es lo correcto" aunque la intuición (y los mejores amigos) nos grite que no es

así. O llegamos a la conclusión de que Dios quiere que dejemos nuestro empleo y nos mudemos a otra ciudad cuando la intuición nos pide que el cambio de carrera sea gradual. En algunos casos, traicionamos a la intuición y hacemos cosas que van en contra de la prudencia porque una persona tenaz nos enreda en algo.

Intuición verdadera y falsa del clariconocimiento

Entonces, ¿cómo *sabemos* si una idea es producto de la inspiración de Dios o la ruta hacia la perdición? En el capítulo "Cómo saber si realmente son tus ángeles o sólo se trata de tu imaginación", hay una lista de las cosas que indican cuando se trata de una guía verdadera o una falsa. Cuando las ideas, pensamientos y revelaciones son verdaderos, tienen las siguientes características:

– *Regularidad.* La guía verdadera es repetitiva y la idea se te quedará pegada por algún tiempo. Aunque los detalles y la aplicación pueden variar, la idea principal es la misma. La guía falsa cambia continuamente de curso y estructura.

– *Motivación.* La guía verdadera es motivada por el deseo de mejorar la situación. El motivo principal de la guía falsa es hacerte rico y famoso. Aunque la guía verdadera te dé esa recompensa, es un efecto secundario y no el motivo principal de la idea.

– *Tono.* La guía verdadera es motivadora, alentadora, te levanta el ánimo. Te anima diciendo: "¡Tú puedes!". La guía falsa es lo opuesto, hace añicos tu confianza.

— *Origen*. La guía verdadera aparece rápido, como un trueno, en respuesta a una plegaria o meditación. La guía falsa se presenta despacio, en respuesta a la preocupación. Cuando tengas una idea, analiza los pensamientos que la precedieron. Si estabas preocupado por algo, es posible que el ego haya creado un plan para rescatarte. Si meditabas tranquilamente, tu yo superior tuvo espacio para conectarse con el inconsciente colectivo divino y es probable que te haya regalado una idea magnífica.

— *Familiaridad*. Una idea proveniente de la verdadera guía divina, por lo general está relacionada con tus inclinaciones, talentos, pasiones e intereses naturales. Mientras que la guía falsa te da sugerencias "que no vienen al caso" porque tienen que ver con actividades que no te interesan.

Si distingues estas características, aumenta tu confianza en las ideas que pones en práctica. Sabrás que vas por el camino correcto y recurrirás a tus intenciones superiores para lograr el éxito. Un buen nivel de confianza está relacionado con pensamientos claros y definidos que se manifiestan rápido.

Si combinas el clariconocimiento con la capacidad para escuchar la voz del Divino, como lo veremos en el siguiente capítulo, llevarás el proceso de creación de la idea a un nivel aún más alto.

Cómo escuchar
a tus ángeles

Me parece una ironía que yo, una ex psicoterapeuta que alguna vez trabajó con personas internadas en hospitales psiquiátricos, ahora le enseñe a la gente cómo escuchar voces. El mejor sonido que podemos escuchar es la voz de Dios y de los ángeles, ella es la muestra del amor en medio del aparente caos y nos da soluciones lógicas para los desafíos que se presentan. Escuchar la voz del Espíritu se llama *clariaudiencia* o "audiencia clara". En este capítulo explico qué es la clariaudiencia y cómo puedes aumentar su volumen y claridad.

Formas comunes de oír
la voz del Cielo

Es muy posible que a lo largo de tu vida oigas que los ángeles y otros seres espirituales te hablan. ¿Te ha sucedido alguna de las siguientes situaciones?

- Cuando te despiertas, oyes que una voz dice tu nombre.

- De la nada, oyes una música hermosa, celestial.

- Continuamente oyes una canción, en tu cabeza o en la radio.

- Escuchas un zumbido fuerte y agudo en un oído.

- Oyes una conversación en la que un extraño dice justo lo que necesitabas escuchar.

- Prendes el televisor o la radio en el momento exacto en que se lleva a cabo una discusión importante.

- Oyes la voz de un ser querido difunto, en tu mente, en un sueño o fuera de tu cabeza.

- Escuchas la voz de un ser querido y resulta que en ese preciso momento necesitaba ayuda.

- Oyes el timbre del teléfono o de la puerta. No hay nadie, pero sientes que un ser querido difunto está tratando de llamar tu atención.

- Una voz te da un mensaje de advertencia o de superación.

- Buscas un objeto perdido, rezas pidiendo ayuda y entonces oyes una voz que te dice dónde está.

Las preguntas reciben respuestas

Dios y los ángeles no hablan para responder nuestras preguntas. Así que podemos iniciar una conversación tan sólo haciéndoles una pregunta.

Una vez, yo quería saber por qué ciertas facciones cristianas promovían la idea que era bueno "temerle a Dios".

Simplemente no podía entender por qué alguien le tendría miedo a nuestro Dios que es todo amor, ni por qué *querrían* temerle. Entonces, les pregunté a mis ángeles si me podían ayudar a comprender ese sistema de creencias. Más tardé en hacer la pregunta, mientras buscaba estaciones en la radio de mi auto, cuando el escáner se detuvo en un programa cristiano, y en ese preciso momento el conductor empezó a explicar por qué los cristianos "debían" temerle a Dios. No estuve de acuerdo con lo que dijo, pero agradecí mucho haber escuchado la respuesta a mi interrogante... sobre todo tan rápido.

¿Tienes alguna pregunta o hay alguna área de tu vida en la que necesites ayuda? En este momento, tómate unos minutos y mentalmente haz la pregunta o petición a Dios y a los ángeles. Ten la intención de entregarla al Cielo y confía en que recibirás la respuesta. Aunque no la recibas en este momento, ten la certeza de que el Cielo te escuchó.

En un día recibirás una respuesta auditiva a tu pregunta. A veces, la oyes en forma de canción; quizá te des cuenta que una melodía se repite constantemente en tu mente o en la radio. La respuesta a tu pregunta puede estar en la letra de la canción, o si ésta te recuerda a alguien, podría ser un mensaje de que esa persona (viva o muerta) está pensando en ti.

Por lo general, cuando oímos que dicen nuestro nombre en la mañana, significa que nuestros ángeles o guías están saludándonos. Es más fácil para ellos saludarnos cuando estamos despertando porque nuestra mente lúcida está más abierta a la comunicación espiritual. También estamos en mejores condiciones para recordar el mensaje si estamos semidespiertos que cuando estamos dormidos. Si además del saludo tienen otro mensaje para nosotros, nos lo entregarán en ese mismo momento. Así que no te asustes si oyes tu nombre y si alguien quiere comunicarse contigo, sólo es un cariñoso saludo y el recordatorio de que están cuidándote.

Si después de hacerle una pregunta al Cielo no recibes respuesta, es porque quizá la dejaste pasar o no quieres oír el mensaje que te envía el Cielo porque en el pasado ignoraste la guía que te mandaba y te bloqueaste para no oír. Sigue haciendo la pregunta hasta que obtengas respuesta. Pide a tus ángeles que te ayuden a escuchar y en algún momento sucederá.

Una alumna mía de nombre Tienna estaba frustrada porque ya llevaba tres días en mi curso de desarrollo psíquico y aún no escuchaba a sus ángeles. Tienna se quejó que durante su sesión con los ángeles sólo escuchó mensajes entrecortados de una o dos palabras. Por ejemplo, estaba en sesión con una amiga y oyó al oído las palabras *tío* y *accidente automovilístico*. Bueno, pues resultó que la amiga de Tienna había perdido a un tío en un accidente de auto.

Pero Tienna se quejaba diciendo: "¡Quiero oír más que una o dos palabras! Quiero tener conversaciones completas con Dios y con los ángeles". Le pedí ayuda a sus ángeles y oí que le dijeron: "No abandones el curso, Tienna. Con persistencia y paciencia nos escucharás muy pronto". Le di el mensaje a Tienna.

El quinto día de clase, Tienna se acercó a mí muy emocionada. "¡Los oigo! ¡Los oigo!", exclamó. El avance en su clariaudiencia fue exactamente como lo predijeron los ángeles, a través de la persistente intención de oír y la espera paciente a que sucediera. A partir de ese día, Tienna sostiene conversaciones auditivas con sus ángeles, quienes le dan consejos personales e información sobre sus clientes.

Zumbido en los oídos

La mayoría de los trabajadores de la luz reportan que escuchan un zumbido muy fuerte en un oído. Es un ruido agudo que puede ser doloroso y molesto. Cuando son revisados por un médico, por lo general éste diagnostica tinnitus (alteración del nervio auditivo). Eso es porque el origen del zumbido no es físico.

El zumbido es una banda de información entrelazada, codificada en impulsos eléctricos. El Cielo envía guía, asistencia e información a través de esta amplitud de banda. El sonido se parece al ruido que hace el módem de la computadora al conectarse a internet.

A veces, el zumbido está acompañado de piquetes o la sensación de que te jalan el lóbulo del oído. Esto sucede cuando los ángeles y los guías piden nuestra atención. No es necesario que comprendas conscientemente el mensaje codificado en el zumbido, sólo acepta recibirlo. La información se almacenará en tu inconsciente, donde influirá de manera positiva en tus acciones, asegurándose que no retrasarás tu misión como trabajador de la luz.

Por favor, no pienses que el zumbido viene de una fuente baja u oscura. Los zumbidos indican que la frecuencia de energía de la información codificada proviene de un lugar elevado de amor divino. Las fuerzas inferiores no pueden trabajar en tan alta frecuencia.

En realidad, el zumbido es la respuesta a tus peticiones para recibir guía sobre tu misión. Si se vuelve muy fuerte, doloroso o molesto, dile mentalmente a tus ángeles que el sonido te lastima, que bajen el volumen. La información te será transmitida, pero a menor volumen. Si los piquetes o los jalones del lóbulo son muy dolorosos, dile a tus ángeles y guías que te duele y que dejen de hacerlo.

Cuando pedí a mis ángeles y guías que bajaran el volumen del zumbido y que dejaran de lastimarme jalándome el lóbulo, jamás volví a recibir zumbidos fuertes ni jalones de oreja dolorosos. Nuestras peticiones no ofenden a los ángeles, necesitan que los retroalimentemos para que sepan cómo ayudarnos.

¿Cómo sé quién está hablándome?

Si quieres conocer la verdadera identidad de la voz que está hablándote, sólo pide a tu interlocutor que se identifique. Si no crees o no confías en la respuesta que recibiste, pide al ser espiritual que te demuestre su identidad. Como verás, el ser dirá o hará algo que producirá bellas emociones en tu interior, o será algo que nada más ese ser en particular puede hacer o decir. Estos son algunos ejemplos:

- La voz de Dios es fuerte, masculina, directa, amable e informal, con buen humor y lenguaje moderno.

- El tono de los ángeles es fuerte, masculino, directo, formal. Hablan mucho sobre amor divino, el cumplimiento de tu misión y de superar dudas, miedos y retrasos relacionados con ésta.

- A veces, los ángeles suenan shakesperianos, usan palabras formales y antiguas.

- La voz de nuestros seres queridos difuntos es la misma que tenían cuando vivían, aunque podría escucharse más fuerte y más joven. Usan el mismo vocabulario y estilo que cuando estaban vivos físicamente.

- Nuestro yo superior tiene la misma voz que nosotros.

- La voz del ego es abusiva, desalentadora, paranoica, deprimente y comienza las oraciones con la palabra *yo* porque es egocéntrico.

Cómo aumentar la clariaudiencia

Todos somos psíquicos por naturaleza, y eso incluye la clariaudiencia y el resto de los "clari". Por lo general, descubrimos que cada persona posee un canal primario de comunicación divina. Algunos individuos son auditivos por naturaleza y lo primero que observan cuando conocen a alguien es el sonido de su voz. Otros son visuales por naturaleza y lo primero en lo que se fijan cuando conocen a alguien es en su apariencia, incluidos sus movimientos y acciones. Aquellos que son intuitivos por naturaleza se fijan en lo que les hace sentir la persona que acaban de conocer, ya sea a través del tacto o incluso de la tela de la ropa. Los individuos que poseen el don del clariconocimiento saben si la gente que acaban de conocer es interesante, inteligente, muy buena en su carrera o lógica.

Si eres auditivo por naturaleza, ya escuchas la voz de Dios y de los ángeles; pero si éste no es tu canal primario de comunicación divina, es posible que te cueste trabajo oír la voz del Cielo. Lees historias de personas que escuchan advertencias o mensajes de sus ángeles y te preguntas: *¿Por qué mis ángeles no me hablan?* A continuación, te presento algunos métodos que te ayudarán a escuchar la voz del Divino, fuerte y clara.

     — Limpieza de los chakras del oído. Cada uno de los sentidos psíquicos es regido por un centro de energía llamado chakra. Como ya mencioné, la clarisensación (intuición) está regida por el chakra del corazón; el clariconocimiento (pensamientos) está conectado al chakra de la corona; la clariaudiencia (audición) está regulada por los dos chakras de los oídos, y en el siguiente capítulo explicaré la relación del tercer ojo con la clarividencia (visión).

Los chakras del oído están arriba de las cejas, en el interior de la cabeza, y parece que su color es el rojo violeta. Imagina que dos círculos rojo violeta giran sobre tus cejas en el sentido de las manecillas del reloj. Siente o visualiza que les envías rayos de luz blanca, que es limpiadora. Siente o visualiza que esta luz ilumina los chakras del oído desde adentro. Ahora, observa qué limpios y grandes son los esos chakras. Repite esta técnica todos los días, o cuando sientas que tu oído psíquico está tapado.

– Elimina los desechos psíquicos. Si fuiste víctima del abuso verbal de otros o de ti mismo, es posible que tus oídos psíquicos estén tapados por las toxinas de las palabras negativas de las que fuiste objeto. Mentalmente, pide a tus ángeles que te envuelvan con energía de consuelo. Elimina la negatividad acumulada en los chakras del oído escribiendo los nombres de las personas que abusaron verbalmente de ti (incluido tu nombre), mete la hoja de papel en un recipiente de plástico con agua y después colócalo en el congelador. En cuanto pongas los nombres en el congelador, te sentirás liberado. Déjalos ahí por lo menos tres meses. (Por cierto, esta técnica es maravillosa para eliminar cualquier clase de problema).

— Vuelve a abrir frecuencias canceladas. Cuando eras niño, ¿cancelaste la voz de tu mamá, de tu papá, de tu maestra o de otra persona, incluida tú? Cuando eras niño, tu capacidad para callar los incesantes comentarios desagradables era tu único mecanismo de defensa. El problema es que eliminaste todas las voces del rango de frecuencia de esas que cancelaste en un principio. Por eso ahora te cuesta trabajo oír la voz del Cielo que tiene el mismo tono de tu madre, por ejemplo. No escuchas la voz de tu yo superior porque hace mucho tiempo cancelaste la tuya. Por suerte, con sólo "cambiar de opinión" puedes reabrir tus oídos físicos y espirituales a todas las frecuencias. Como el bloqueo tuvo su origen en tu firme intención de callar el sonido, basta conque tengas otra intención firme para que vuelvas a oír todos los rangos de las frecuencias de sonido.

— Aumenta tu sensibilidad al sonido. Todos los días dedica un poco de tiempo a escuchar los sonidos que te rodean. Oye el canto de los pájaros, la risa de los niños y los ruidos de los autos, por ejemplo. También fíjate en los sonidos que acompañan a las actividades normales, como el paso de las hojas de un libro, la respiración o la pluma al escribir una nota. Si prestas atención a los sonidos sutiles y fuertes que hay en tu medio ambiente, fortaleces tu sensibilidad a las voces de los ángeles y de tus guías.

— Protege tus oídos físicos. Conforme aumente tu sensibilidad a la frecuencia del sonido de los ángeles, te darás cuenta que los ruidos fuertes te molestarán más que antes. Tendrás que taparte los oídos cuando el avión en el que viajas aterrice y no comprar los primeros asientos en los conciertos de rock, por ejemplo. También tendrás que pedirle a tus amigos que te hablen más bajo por el teléfono, en los restaurantes pedirás mesas que estén lejos de grupos de personas escandalosas y reservarás habitaciones de hotel que no estén cerca de los elevadores ni de las máquinas de hielo.

– Pide a tus ángeles. Algunas personas tienen ángeles tranquilos y guías espirituales introvertidos. Es igual que cuando sostienes una conversación con un vivo, no tengas miedo de pedirle a tu interlocutor que hable más alto. Nuestros amigos celestiales quieren comunicarse con nosotros, y necesitan que nuestra retroalimentación sea honesta para que sepan cuál es la mejor forma de hacerse escuchar. A Joan Hannan, mi madre, le costaba trabajo escuchar a sus ángeles y a sus guías, así que les pidió que hablaran más fuerte. Pero seguía sin oírlos, entonces mamá les dijo con fuerza: "Por favor, hablen aún más alto". Y escuchó que su abuela le decía con voz muy fuerte: "¡Aquí estoy!" Como si mi bisabuela le hubiera dicho: "No grites, estoy junto a ti, te escucho muy bien".

Tú tienes el control de tu comunicación divina, y si quieres que el Cielo baje el volumen o la intensidad de tus mensajes auditivos, sólo pídeselo. En el siguiente capítulo, exploraremos el mundo de la clarividencia y presentaré algunos métodos para ayudarte a ver a tus ángeles y los mensajes enviados por el Cielo.

Cómo ver a tus ángeles

os ángeles quieren hacer contacto visual contigo, tanto o más que tú con ellos. Nos ayudan a comunicarnos con ellos haciendo evidente su presencia. Mis libros *Visiones de ángeles (Angel Visions)* y *Visiones de ángeles II (Angel Visions II)* contienen docenas de historias de gente que ha tenido contacto con los ángeles.

Qué se siente ver a los ángeles

Muchas de las personas que estudian mi curso de desarrollo psíquico creen erróneamente que clarividencia quiere decir ver a los ángeles como si fueran figuras opacas en tercera dimensión, como los humanos. No esperan que las visiones sean una imagen mental del tercer ojo de la mente.

No obstante, la mayoría de los casos de clarividencia es similar a las imágenes mentales que ves cuando sueñas despierto o en el sueño nocturno. No porque la imagen esté en el ojo de tu mente significa que son menos reales o válidas. Cuando les doy esta explicación a mis alumnos, con frecuencia dicen: "¡Después de todo si estoy viendo ángeles!"

Con intenciones claras y práctica, muchas personas desarrollan la capacidad de ver ángeles fuera de la esfera mental y sin cerrar los ojos. En otras palabras, miran a un individuo y ven claramente un ángel en sus hombros. Aunque los clarividentes principiantes por lo general deben cerrar los ojos para "escanear" a la persona. Entonces, con el tercer ojo de la mente ven imágenes de los ángeles guardianes de esa persona.

En las primeras etapas de clarividencia, algunos ven luces o colores; otros ven imágenes fugaces de la cabeza o las alas de un ángel. Algunos individuos ven ángeles traslúcidos y sin color, u opalescentes, que irradian colores brillantes. Pero hay quienes ven a los ángeles como seres de cuerpo entero, con ropa y cabello de tonos vivos.

En momentos de mucho estrés o después de rezar mucho tiempo, algunas personas tienen encuentros vívidos con los ángeles, algo parecido a una aparición. El individuo está totalmente despierto, con los ojos abiertos, y ve un ángel. Éste puede parecer un ser humano o tener la tradicional imagen angelical, con alas y túnica. La presencia del ángel es clara y la persona incluso toca o escucha al ángel sin darse cuenta de que no es humano, hasta que desaparece.

Esferas en fotografías

Últimamente, lo ángeles se aparecen ante nosotros en las fotografías en forma de "esferas de luz". Si quieres ver evidencia de que existen los seres angélicos, ¡puedes obtenerla en las fotografías! Sus imágenes surgen como globos de luz blanca cuando se revelan las fotos.

La mejor forma de fotografiar esas esferas es tomando una fotografía de un bebé recién nacido, de una persona muy espiritual, o en un taller de metafísica, sobre todo cuando el tema es de "ángeles". Cuando reveles las imágenes, encontrarás docenas de esferas como ésas. Esta técnica funciona mejor si tienes la intención de ver ángeles cuando estás tomando fotografías. Mentalmente, pide a los ángeles que aparezcan en las imágenes que estás capturando.

Otras visiones de ángeles

Otras formas en las que los ángeles aparecen son:

— *Sueños.* El Dr. Ian Stevenson, de la Universidad de Virginia, ha registrado miles de casos de "visitas en sueños", en ellos la gente interactúa con sus seres queridos difuntos o ángeles durante el sueño. El Dr. Stevenson dice que ese "grado de realidad" es la característica que distingue a los sueños de las visitas reales.[1] Los colores son más vivos, las emociones intensas y la sensación de que el sueño es más que real. Cuando despiertas después de una visita en sueño, la experiencia se queda contigo más tiempo que en el caso de un sueño normal. Es posible que recuerdes detalles exactos de la visita en sueños incluso muchos años después de ocurrida.

— *Luces de ángeles.* Ver chispas o destellos de luz es señal de que los ángeles andan cerca. Lo que ves son chispas de energía cuando los ángeles pasan por tu campo de visión. El efecto es similar a cuando ves que salen chispas de un auto. Sólo se trata de

---

[1] Stevenson, I. (1992). "A Series of Possibly Paranormal Recurrent Dreams". *Journal of Scientific Expoloration*, Vol. 6, No. 3, pp.281-289

fricción y significa que tu vista espiritual se ajustó para ver ondas de energía. Aproximadamente la mitad de la gente que asiste a mis talleres en todo el mundo, reporta que con frecuencia ve esas chispas o destellos de luz. Muchas personas se niegan a aceptar en público que ven esas luces por miedo a que los demás crean que están alucinando. Pero no es así, ver las luces de ángeles es una experiencia muy real y normal.

– *Vapor de colores.* Si ves vapor verde, morado o de otro color, es señal de que estás en presencia de los ángeles.

– *Nubes de ángeles.* Voltear al cielo y ver una nube en forma de ángel es otra forma de saber que los ángeles están con nosotros.

– *Señales.* Encontrar una pluma, una moneda, un reloj parado, objetos fuera de su lugar, luces que parpadean u otras cosas raras, es señal de que un ángel está diciéndote: "Hola, aquí estoy". Es común que seres queridos difuntos nos hagan saber de su presencia enviando pájaros, mariposas, palomillas de luz o flores específicas.

–*Visiones.* Ver una película mental que te dé información real sobre una persona o situación, o que te sugiera algo sobre tu misión o que hagas cambios, es una señal de que estás en presencia de los ángeles. Igual que cuando ves una breve imagen de algo simbólico. Por ejemplo, cuando conozco algún trabajador de la salud, invariablemente "veo" que esa persona trae en la cabeza un gorro de enfermera. Con frecuencia, los ángeles nos envían esta información, sobre todo cuando luchamos para que el mundo sea mejor.

Siete pasos para abrir tu tercer ojo

El centro de energía que está entre nuestros dos ojos físicos, conocido como "chakra del tercer ojo", controla la cantidad y la intensidad de la clarividencia. Abrir el tercer ojo es esencial para ver a través del velo que cubre al mundo espiritual.

A continuación describo los siete pasos a seguir para abrir el chakra del tercer ojo:

1. Primero afirma: "Puedo ver y no corro peligro". Repite esta afirmación muchas veces, pero si sientes tensión o miedo cuando la dices, respira hondo. Imagina que con cada exhalación sacas el miedo que te produce ser clarividente (en la siguiente sección encontrarás más información sobre el miedo).

2. Toma un cristal de cuarzo transparente y sostenlo con tu mano dominante (con la que escribes). Imagina que desde arriba baja un rayo de luz blanca y llega al cristal. Ten la intención de que esta luz blanca limpia tu cristal de la negatividad que haya absorbido.

3. Sostén el cuarzo transparente, aún en tu mano dominante, ligeramente arriba del espacio que hay entre tus dos cejas. Mueve el dedo medio de manera que quede sobre el cristal señalando hacia el tercer ojo (que está entre los dos ojos físicos y ligeramente arriba de las cejas).

4. Entonces, coloca el dedo medio de tu mano dominante (con la que escribes) en el punto más alto de la *nuca* (no la parte superior de la cabeza).

5. Imagina que un poderoso e intenso rayo de luz cae en el dedo medio de tu mano dominante. Este rayo pasa por el tercer ojo y se detiene en el dedo medio de tu mano no dominante. Lo que estás haciendo es un circuito de batería, con la mano dominante envías energía y la mano no dominante la recibe. Cuando la energía pasa por tu cabeza, limpia los desechos psíquicos y despierta tu tercer ojo. Por lo general, este proceso toma dos minutos y es posible que sientas un poco de presión en la cabeza, calor en los dedos y cosquilleo en las manos. Son sensaciones normales provocadas por el trabajo con la energía.

6. Después, pon la mano derecha sobre la oreja derecha, sin soltar el cristal de la mano dominante. Haz lo mismo con la mano y la oreja izquierdas. Imagina que del dedo medio de tu mano dominante sale luz blanca. Despacio, mueve ambas manos al mismo tiempo hacia la parte superior de la *nuca*. Repite la acción siete veces como si estuvieras barriendo. Ten la intención de que llevas la parte posterior de tu tercer ojo (que se parece a la parte posterior del ojo físico) al lóbulo occipital en la nuca. El lóbulo occipital es el área del cerebro que registra la conciencia y reconocimiento de tus visiones. Es como un casco delgado que usas inclinado en la nuca.

Con la luz blanca, estás cavando un canal grande, de 10 cm, que va desde la parte posterior del tercer ojo hasta el lóbulo occipital. Este canal conecta las visiones del tercer ojo con la parte visual del cerebro. De esta manera, estarás más consciente de las visiones que tengas y entenderás su mensaje. He trabajado con mucha gente cuyo tercer ojo está limpio y abierto, pero aun así se quejan de que no ven o su clarividencia es limitada. *¡Tener el tercer ojo limpio y abierto no es suficiente para asegurar la clarividencia!* Sin la conexión entre el tercer ojo y el lóbulo occipital, la persona no esta consciente, o no entiende, sus visiones. Es como pasar una película con la luz del proyector apagada.

7. El último paso es poner el dedo medio de tu mano dominante en la parte superior del cristal sobre el tercer ojo (ligeramente más arriba del área que está entre los dos ojos físicos). Vas a quitar los escudos que alguna vez pusiste en tu tercer ojo. Con movimientos ascendentes e inclinados, haz que el escudo se levante, como si estuvieras abriendo una persiana. No olvides respirar durante la realización de este paso, pues si contienes la respiración el proceso se volverá lento. Repite el levantamiento de escudo cuando menos siete veces, o hasta que sientas que ya no está.

También puedes hacer el proceso en otra persona. Si conoces a alguien que sea espiritual y de mente abierta, pero sobre todo que tenga experiencia haciendo sanaciones de energía, pídele que aplique la técnica en ti. Aunque tú mismo puedes realizar estos siete pasos, su poder crece si los realiza en ti una persona de intenciones claras (es decir, que no sea escéptica).

Después de que tú, u otra persona, haga estos siete pasos, verás que tus visiones mentales mejorarán mucho. Si cierras los ojos y te imaginas un jardín, verás colores e imágenes más fuertes e intensos que antes del proceso. Tus sueños nocturnos serán más claros y memorables, y tu memoria foto-gráfica aumentará.

Repito, es posible que las imágenes que veas sean mentales. Las películas mentales se proyectan en la pantalla que está dentro de tu cabeza. Con práctica, podrás proyectar y ver esas imágenes en el exterior; sin embargo, no es importante si las visiones están en tu ojo mental o externo. Sé que mi precisión psíquica es idéntica si la imagen es mental o la veo fuera de mi cabeza. La ubicación de las visiones no importa, lo importante es que las veas y les prestes atención porque por lo general son mensajes visuales de nuestros ángeles.

Sanación de los miedos que bloquean la clarividencia

Si después de aplicar la técnica de los siete pasos, aún notas que las imágenes mentales son más chicas, menos claras o no son del color que deseas, entonces los miedos están blo-queándote. Estos temores son completamente normales y se eliminan en cuanto estés listo.

Por ejemplo, tal vez te dé miedo:

1. Perder el control

- *El miedo:* Te preocupa que al abrir tu clarividencia, te encuentres con imágenes de ángeles y difuntos en todas partes. También es posible que temas que Dios intente controlarte o haga planes poco adecuados para ti.

- *La verdad:* La clarividencia es como un televisor que puedes prender, apagar y controlar a tu antojo. Y la voluntad de Dios es idéntica a la de tu yo superior. El gran plan te tiene reservada mucha felicidad y plenitud, además de que te ayudará a encontrar mucho más significado en todas las áreas de tu vida.

2. Ver algo que te asuste

- *El miedo:* No soportas las casas embrujadas ni las películas de monstruos, y no quiere ver ningún espectro de demonios ni duendes flotando por toda tu casa.

- *La verdad:* Si viste la película "El sexto sentido" con los ojos abiertos, ya viste lo peor. El mundo de los espíritus es hermoso, algo que Hollywood aún no logra plasmar. Hasta los espíritus chocarreros e imágenes de terror producto de la mente (los llamados ángeles caídos) no son la mitad de malos que los muertos vivos que aparecen en la pantalla grande. La mayoría de los difuntos lucen radiantes, jóvenes y transpiran felicidad. ¿No te verías estupendo si supieras que nunca volverás a pagar una cuenta?

3. Ser engañado

- *El miedo:* "¿Qué tal si es mi imaginación y estoy inventando todo?", o peor, "¿Y si me contactan espíritus del bajo mundo haciéndose pasar como mis ángeles de la guarda?"

- *La verdad:* La razón por la que los estudios demuestran que los niños tienen experiencias psíquicas más confiables es porque no les preocupa que sean producto de su imaginación. A Juana de Arco se le cita por lo que le dijo a sus inquisidores, quienes le preguntaron si estaba imaginando que escuchaba la voz de Dios: "Si no es a través de la imaginación, ¿de qué otra manera se comunicaría Dios conmigo? En otras palabras, no porque sea nuestra imaginación significa que no es real, válido o preciso.

A veces, me preguntan: "¿No te preocupa que te engañe un demonio disfrazado de ángel?" Esta pregunta sugiere que los demonios hacen compras en tiendas de disfraces, se llenan de plumas blancas y, ¡zas!, nos aprisionan con sus dedos en forma de garras. Es cierto que *existen* energías y seres en un mundo inferior, así como hay vivos con los que decido no establecer relación alguna. Pero no es motivo para protegerte y evitar la clarividencia.

Digo, si te preguntara que si prefieres caminar en un callejón oscuro, en el lado peligroso de la ciudad, de día o de noche, claro que responderías que de día, ¿verdad? ¿Y la razón? Para *ver* con quién te cruzas. Bueno, pues lo mismo aplica en el mundo de los espíritus. Como de todas maneras esos desagradables seres andan por ahí, ¿no preferirías ver quiénes son para que puedas llamar al arcángel Miguel para que se pare en la puerta de tu casa y no permita pasar a quien no se identifique correctamente como seres de integridad superior y fuerte luz interna?

La luz interna es el mejor indicador de la integridad de un ser, no importa que sea un vivo o venga del mundo de los espíritus. Si eres clarisensible puedes sentir el carácter de la persona; si tienes el don del clariconocimiento, simplemente sabes si se trata de alguno de integridad superior o no; y si eres clarividente, puedes ver el brillo de su luz interna.

Los llamados seres caídos del mundo espiritual no pueden imitar la inmensa luz brillante que emana del estómago y radia hacia arriba y hacia fuera. Estos seres pueden disfrazarse del arcángel Miguel, pero no tendrán su elemento esencial: la brillante aura resultado de una vida de amor divino. En ese sentido, la clarividencia nos ayuda a revisar a nuestros amigos en los planos físico y no físico, y así mantenernos lejos del peligro.

4. "Infierno" o castigo porque algo hicimos "mal"

- *El miedo:* Te preocupa que la clarividencia sea obra del diablo y que Dios te castigará por haber pecado.

- *La verdad:* Por lo general, el miedo tiene su origen en las palabras del Antiguo Testamento que amenazan a magos, médiums y a quienes hablan con los muertos. Sin embargo, en el Nuevo Testamento descubrimos que Jesús y muchos otros hablan con los muertos y con los ángeles. San Pablo, en sus cartas a los corintios, dijo que todos tenemos el don de la profecía y que deberías aspirar a esos dones espirituales... siempre y cuando los usemos con amor.

  Y ésa es la diferencia, ¿no es cierto? En el *Manual para maestros* de *Curso de Milagros* dice que las capacidades psíquicas pueden usarse a favor del ego (que es el único demonio en este mundo) o del Espíritu Santo. En otras palabras, podemos usar la clarividencia a favor del amor o del miedo. Si usas esta herramienta para servir a Dios y para sanar, no tienes nada que temer. Te darás cuenta que las críticas de los demás se te resbalarán.

5. Ser ridiculizado

- *El miedo:* Que te digan "loco", "raro", "sabelotodo" o "muy sensible"... o enfrentarte a las críticas de familiares fundamentalistas.

- *La verdad:* Es probable que sea un "trabajador de la luz" o un "niño índigo", es decir, alguien que se siente comprometido a hacer que el mudo sea mejor desde el punto de vista espiritual. Los trabajadores de la luz y sus contrapartes jóvenes, los niños índigo, casi siempre sienten que son diferentes o que no pertenecen a este lugar. Cuando la gente te molesta por tus dones o intereses espirituales, ese sentimiento se intensifica. Si te molestaron cuando eras niño, es probable que tengas heridas emocionales sin sanar asociadas a varios tipos de ridículo. Pide a tus ángeles que intervengan y hazles caso si sugieren que busques ayuda profesional.

6. Hacer un inventario de tu vida actual

- *El miedo:* No estar preparado para hacer cambios en tu vida si ves que hay algo que no te gusta, es decir, quieres permanecer en negación.

- *La verdad:* La clarividencia hace que reconozcas las partes de tu vida que no están funcionando. Es cierto, hacer un inventario aumenta tu insatisfacción, pero hacer un inventario de tus relaciones, carrera, salud u otra área no significa que debas dar un giro completo y solucionar todo de inmediato. La insatisfacción es un motivador poderoso para mejorar las cosas. Te inspira para que hagas jogging, comas más sano, consultes a un consejero matrimonial y/o busques otros medios para sanar tu vida.

7. Ver el futuro

- *El miedo:* No quieres predecir cambios planetarios o sociales aterradores.

- *La verdad:* Si "ves" esos eventos y estás completamente seguro que no son producto de tu ego, entonces tendrás una mejor imagen de tu misión como trabajador de la luz. Recibirás una guía específica para ayudar al planeta para que evite, o enfrente, esos cambios. Por ejemplo, tal vez te pidan que reces por la paz, que envíes energía sanadora, que ancles la luz en varios sitios, que enseñes a otros trabajadores de la luz o que sanes a los afectados por esos cambios. Aunque esa labor parezca intimidante y de grandes proporciones, recuerda que tú la elegiste antes de encarnar... y Dios y los ángeles no te hubieran asignado tan monumental tarea si no supieran que puedes hacerla. También te ayudan brindándote apoyo en todo momento, siempre y cuando trabajes para ellos y estés abierto para recibir la ayuda.

8. Demasiada responsabilidad

- *El miedo:* Cuando ves una situación negativa, te preguntas: *¿Debo intervenir?*

- *La verdad:* A los ángeles de la tierra se les pide que recen por una situación, a menos que se trate de una tarea muy especial, y si *tienes* que intervenir o prevenir a alguien, recibirás instrucciones claras sobre qué hacer.

9. Cuándo puedas hacerlo

- *El miedo:* Te preocupa que seas un impostor, que no estés calificado para ser psíquico o realizar sanaciones espirituales; te preguntas si realmente tienes ángeles, y si es sí, si puedes ponerte en contacto con ellos.

- *La verdad:* De vez en cuando, todos nos sentimos impostores. Los psicólogos llaman a este miedo "el síndrome del impostor". Las investigaciones demuestran que algunas de las personas más competentes y exitosas son propensas a padecer esta condición. Eso no significa que *seas* un impostor, sino que comparas tu interior (que se pone nervioso en circunstancias nuevas) con el exterior de los demás (que parece tranquilo, calmado y concentrado).

El ego, o yo inferior, recurre a miedos sucios como éste para que olvidemos quienes somos y que no trabajemos en nuestra misión.

Bloqueos de vidas pasadas afectan la clarividencia

A veces, el bloqueo de la clarividencia tiene su origen en nuestro pasado lejano. Incluso la gente que no cree en la reencarnación estará de acuerdo con que eventos importantes de la historia afectan al mundo hasta el día de hoy. Uno de estos eventos, como mencioné al principio del libro, es la Inquisición española, en la que miles de personas fueron quemadas, ahorcadas, torturadas y atacadas porque sus creencias o prácticas espirituales eran diferentes a las de la Iglesia reinante. El dolor de esa época sigue resonando en la actualidad, pues antiguos ecos exclaman: "Acepta las creencias espirituales aprobadas o sufre las consecuencias". El miedo es el resultado, así como "no salir del clóset espiritual", que te lleva conservar tus capacidades psíquicas y creencias espirituales en secreto.

Pero ¿cómo sabes si una herida de una vida pasada está bloqueando tu clarividencia? Entre las señales están las siguientes:

- Consideras que no eres buen observador, es decir, que no visualizas con facilidad, pocas veces recuerdas tus sueños y no te fijas cómo son las personas o las cosas.

- Has tenido muy pocas, si no es que ninguna, visiones psíquicas.

- Te sientes tenso o preocupado cada vez que piensas en abrir tu clarividencia.

- Volverte psíquico te produce una sensación indefinida de ansiedad, como si fueras a meterte en problemas o a ser castigado por algún individuo o incluso por Dios.

- Cuando piensas que hubo gente que murió en la hoguera o en la horca, tu cuerpo reacciona con escalofríos, temblores y cambia tu respiración o presión.

En contraste, éstas son señales de que algunas experiencias infantiles bloquearon tu clarividencia:

- Viste ángeles, chispas de luz o difuntos cuando eras niño.

- Tus visiones psíquicas se reducían conforme ibas creciendo.

- Eres una persona sumamente sensible.

- Se burlaban de ti y te consideraban "loco", "malo" o "raro" cuando eras niños o adolescente.

- Te preocupa lo que diría tu familia si supiera que tienes dones psíquicos.

- Te da miedo que si te abres psíquicamente, tuvieras que hacer cambios en tu vida que decepcionarían o lastimarían a tu familia.

Una regresión a vidas pasadas realizada por un hipnotizador certificado, o a través de un medio como mi audiocaset *Regresión a vidas pasadas con los ángeles*, es la mejor manera de liberar esos bloqueos. Tu mente inconsciente no te atemorizará con recuerdos que no puedes superar, así que no pienses que la regresión te hará daño.

Demasiado esfuerzo

Por mucho, el bloqueo más común de la clarividencia es esforzarse demasiado para ver. Como ya lo mencioné, cuando nos obligamos o presionamos para hacer algo, nos bloqueamos. Eso es porque las tensiones provienen del miedo, que se origina en el ego, y el cual es *cero* psíquico.

Nos esforzamos mucho cuando tememos, muy en el fondo, que no podremos lograr algo, así que lo obligamos a que suceda. No obstante, la subyacente negatividad puede deshacer horas de afirmaciones positivas y manifestaciones. El miedo se convierte en un orador negativo que, por desgracia, atrae profecías que acarrean su cumplimiento.

Sanación de bloqueos psíquicos

Todos tenemos bloqueos psíquicos en un grado o en otro, así que el punto es no deshacernos completamente de ellos, sino *reconocerlos* y enfrentarlos en cuanto surgen. A veces, nuestros bloqueos nos avergüenzan y no los aceptamos ante nosotros ni ante nadie. Pero no tenemos por qué avergonzarnos de ellos, son áreas de nuestra vida que requieren atención.

Un "sanador sanado" (término que tomé prestado del *Curso de Milagros*) no es una persona sin problemas, cosa que sería casi imposible en este mundo. Un sanador sanado es alguien que reconoce sus problemas y lucha para evitar que interfieran con su misión divina.

Sin embargo, podemos sanar y liberar problemas que nos bloquean psíquicamente. Estas técnicas de sanación también producen resultados muy positivos en otras áreas de la vida, además de la clarividencia:

– *Sanación durante el sueño:* Cuando dormimos, nuestra mente escéptica también duerme, por eso es el momento perfecto para realizar la sanación espiritual. Si la mente escéptica está dormida, el ego no puede evitar que los ángeles hagan limpiezas milagrosas en ti. Así que en cuanto estés listo para abrir tu clarividencia, pídele a tus ángeles y a todos los espíritus con quienes trabajas que te visiten en sueños. Un ejemplo es: "Arcángel Rafael, te pido que entres en mis sueños esta noche. Por favor, envía energía de sanación a mi tercer ojo y sana los miedos que bloquean mi clarividencia. Por favor, ayúdame a ver claramente con mis ojos espirituales".

– *Corte de cordones con miembros de la familia:* Si sabes que temes que tu mamá critique tus capacidades psíquicas, por ejemplo, puedes recurrir a la técnica de corte de cordones descrita en páginas anteriores y dirigirla directamente hacia los cordones de miedo que te unen a tu madre. Repite el proceso con respecto a cualquier persona (miembros de la familia u otros) que creas que podría reaccionar de manera negativa a tu clarividencia. Además, corta los cordones que te unen a personas del pasado que te ridiculizaron o castigaron por ser psíquico.

– *Apoyo de almas con mentes similares:* Cuando estaba preparándome para "salir del clóset espiritual" y aceptar mi clarividencia en público, me preocupaban las consecuencias negativas. Tuve la fortuna de volverme amiga de un psiquiatra que también aceptaba por primera vez que era clarividente. El Dr. Jordan Weiss era médico internista con título universitario y psiquiatra particular de Newport Beach, California. Una herida en la cabeza, provocada por un accidente, le abrió el tercer ojo y descubrió que también podía ver el interior de los cuerpos de sus pacientes. Asimismo el Dr. Weiss veía el sistema de chakras y las emociones negativas atrapadas en esos chakras. Pero tenía miedo de aceptar abiertamente su clarividencia porque pondría en riesgo su licencia médica y su reputación.

Nos motivamos, apoyamos y aconsejamos mutuamente para poder aceptar públicamente nuestro don de la clarividencia. Nos recordábamos que si no éramos fieles a nosotros mismos, no podríamos ayudar bien a nuestros pacientes. Hoy, el Dr. Weiss está terminando su segundo libro en el que habla de sus experiencias psíquicas como psiquiatra.

Me parece que a *ti* te será muy útil tener el apoyo de alguien que esté en la misma situación que tú. Reza para que esa persona o un grupo de apoyo lleguen a tu vida y seas guiado hacia ellos. Conscientemente también busca apoyo en reuniones metafísicas que se realizan en librerías, iglesia de la Nueva Corriente, como Unidad o Ciencia Religiosa, cursos de desarrollo psíquico o información en internet relacionada con las arte psíquicas.

– *A través de una ceremonia sagrada:* Steven Farmer, mi esposo, autor del libro *Ceremonia sagrada (Sacred Ceremony* publicado en 2002), ha conducido ceremonias en muchos talleres. He sido testigo de cómo esas ceremonias ayudan a la gente a liberarse de bloqueos psíquicos. Puedes hacer tu propia ceremonia sagrada con el objetivo de abrir tu clarividencia. Por ejemplo, escribe una pregunta para tus ángeles, como: "¿Qué bloquea mi clarividencia?" Después registra las impresiones que recibas. Luego, enciende el fuego en la chimenea de tu casa o haz una fogata al aire libre. Medita un momento para liberar el bloqueo escrito en el papel. Cuando sientas que ya estás listo, lanza el papel al fuego. Sentirás una gran sensación de alivio cuando lo hagas.

– *Una sesión de regresión a vidas pasadas:* Casi la mitad de los bloqueos psíquicos que distingo entre los asistentes a mis talleres tienen su origen en heridas de vidas pasadas porque eran psíquicos. Como ya lo mencioné, lo mejor es tener una regresión a vidas pasadas para eliminarlos. La mayoría de los hipnotizadores certificados están capacitados para hacer regresiones. Tu única tarea es buscar un terapeuta con quien te sientas bien, pues en las regresiones la confianza es la clave para tu capacidad de soltar y permitir que los recuerdos inconscientes salgan a la superficie. O puedes usar un audio programa para regresiones como el mío, que se llama *Regresión a vidas pasadas con los ángeles.*

– *Afirmaciones positivas:* Me sorprende cuántos metafísicos brillantes y cultos se quejan conmigo de que "no son visuales". Cuando les indico que esta afirmación es negativa, se dan cuenta que esas palabras están bloqueando su clarividencia. Entonces, empiezan a usar afirmaciones positivas para describir sus deseos y no sus miedos. "Soy muy visual" y "Soy profundamente clarividente", son ejemplos de afirmaciones positivas que puedes repetirte, aunque no creas que son ciertas. Confía en mí, la realidad siempre refleja tus pensamientos afirmados.

— *Llama a los ángeles de la clarividencia:* Hay ángeles especialistas para cada situación, y el desarrollo psíquico no es la excepción. Los "Ángeles de la Clarividencia" revisan y cuidan nuestros chakra del tercer ojo, ayudándonos a desarrollar la visión espiritual. Mentalmente, di: *"Ángeles de la clarividencia, los llamo ahora. Por favor, envuelvan mi tercer ojo con energía limpiadora y sanadora. Pido su ayuda y asistencia para que abran ahora mi sabiduría de clarividencia. Gracias".* Tal vez sientas hormigueo y cambios en la presión del aire en la cabeza, sobre todo entre tus dos ojos físicos, cuando los ángeles de la clarividencia hagan su trabajo.

— *Estilo de vida y clarividencia:* Existe una enorme correlación entre lo bien que tratamos a nuestro cuerpo y la claridad de nuestra clarividencia. Las visiones son más claras, más detalladas y más precisas si llevamos un estilo de vida sano. Hacer ejercicio, descansar bien, salir al aire libre con frecuencia, llevar una dieta ligera cuya base sean las plantas y evitar alimentos y bebidas con toxinas, nos ayudan a ser canales más claros de comunicación divina.

Después de realizar uno o dos de los procesos antes descritos, tu clarividencia será mucho más brillante y clara. En el siguiente capítulo, pondremos todo junto y veremos cómo puedes recibir mensajes de los ángeles para ti u otra persona.

Recibe los mensajes
de tus ángeles

Mi misión no es transmitir los mensajes de ángeles ni realizar sanaciones espirituales a mis pacientes, sino enseñar a *otras personas* a transmitir los mensajes de los ángeles y hacer sanaciones espirituales a sí mismos y a sus pacientes. Siempre aliento a los alumnos de mi curso, consejeros espirituales, para que enseñen a los demás, para que creen un efecto de onda que aumente el reconocimiento de que *todos* tenemos ángeles, que *todos* podemos comunicarnos con ellos y que *todos* tenemos dones espirituales que podemos usar para ayudarnos a nosotros y al mundo.

En este capítulo, conocerás los pasos exactos que enseño a mis alumnos del curso de desarrollo psíquico para que puedas interpretar los mensajes de los ángeles para ti y los demás.

Cómo transmitir los mensajes de los ángeles

Una sesión con ángeles es similar a una sesión psíquica, sólo que haces las preguntas a los ángeles de la guarda y a los guías espirituales con el objetivo de sanar un área de la vida y/o obtener información sobre la misión de una persona.

Lo mejor es que la sesión sea con una persona que no conoces bien, de mente abierta y que no critique. El nuevo amigo del grupo de estudio espiritual es el compañero ideal para la sesión con los ángeles, aunque también puedes hacerlo con un miembro de la familia o un viejo amigo, nada más que el ego te gritará: "¡Ya sabes todo de esta persona!". Si puedes ignorar que el ego te repita que "estás inventando las cosas", entonces puedes tener sesiones con todos, aunque no los conozcas.

Empecemos con una sesión mutua con ángeles, en la que tú y otra persona se transmitan los mensajes al mismo tiempo. Empieza la sesión elevando una plegaria a quien esté conectado espiritualmente y pídele:

> *"Por favor, ayúdame a ser un canal claro de comunicación divina. Por favor, ayúdame a oír, ver, saber y sentir con claridad, exactitud y detalle los mensajes que traerán bendiciones a mi compañero y a mí. Por favor, vigila esta sesión y ayúdame a relajarme para disfrutarla. Gracias y amén".*

Paso siguiente, siéntate frente a tu compañero. Entonces, ambos toman un objeto metálico de sus cuerpos, puede ser un reloj, un anillo, un collar, la hebilla de un cinturón, un pasador del cabello, unos lentes, las llaves del auto, y se lo entregan al compañero. Cada uno sostendrá el objeto recibido en la mano con la que no escriben, pues es en ella donde recibes la energía, es tu "mano receptora".

Después, toma la mano libre de tu compañero con tu mano desocupada. Colóquenlas donde descansen cómodas durante los siguientes minutos, como las rodillas o el regazo de alguno. Ahora, quiero llevarlos de vacaciones, ¿de acuerdo? Por favor, cierren los ojos, inhalen y exhalen muy hondo...

> *Mentalmente, imagina que los dos están en una hermosa pirámide morada que los transporta como por arte de magia a una playa de arena blanca en Hawai. La pirámide morada aterriza*

con un suave golpe en la arena y se abre, convirtiéndose en una manta natural para ambos. El día es precioso en Hawai, y como están en una playa lejana a la que sólo se llega en lancha o avión, tú y tu compañero gozan de absoluta intimidad.

Sientes cómo la suave brisa del verano acaricia tu piel y tu cabello. Hueles el delicioso aire salado y oyes la melodiosa llegada de las olas a la orilla. Sientes que un rayo de sol danza cálidamente en tu cabeza, como si fuera a traspasarla para iluminar el interior de tu cabeza y cuerpo.

A la distancia, ves a un grupo de delfines nadando jugue- tonamente en el mar. Te pones en sintonía con ellos y sientes que te envían una enorme ola de energía de amor divino. Tu corazón se inflama por la calidez y gratitud de esos bellos delfines y este hermoso día en la playa, te das cuenta que eres uno con los delfines. Después, esta percepción se expande aún más, eres uno con toda la vida del mar, incluidas las tortugas, los bellos peces tropicales y... también te fundes con las olas, la arena y el sol.

Te das cuenta que eres uno con toda la vida, incluido tu com- pañero. Mentalmente le afirmas: "Tú y yo somos uno... tú y yo somos uno... yo soy tú... y tú eres yo... tú y yo somos uno". Sabes que esta unidad compartida es real. Aunque se vean diferente por fuera, por dentro tú y tu compañero comparten un espíritu, una luz, un amor. Mentalmente le afirmas: "Un amor... un amor... un amor".

Conforme se te rebela ese conocimiento, te das cuenta que eres uno con todos los ángeles. Mientras miras a tu compañero con tus ojos físicos cerrados y tu visión espiritual bien abierta, imagina cómo sería si pudieras ver a sus ángeles con el ojo de tu mente. ¿Cómo son?

¿Ves ángeles que parecen pequeños querubines? ¿Y ángeles de tamaño mediano? ¿Unos muy grandes? Es posible que los veas con lujo de detalle con el ojo de tu mente o como imágenes fugaces, o simplemente sientes o reconoces su presencia.

Continúas mirando a tu compañero con tus ojos espirituales, pero también te das cuenta que hay gente que parece difunta. Los seres que se paran justo detrás de tu compañero por lo general son sus padres muertos. ¿Ves a un hombre o a una mujer parados detrás de tu compañero? Si es así, fíjate en sus características distintivas, ropa poco común, lentes, peinado, vello facial, color de ojos o lo que tengan en las manos.

Después, mira hacia la cabeza y hombros de tu compañero. ¿Ves a alguien de cabello claro o cano que parece haber fallecido en edad avanzada? ¿Qué otro rasgo distintivo reconoces? ¿Ves a alguien que parece haber muerto a edad mediana? ¿Algún difunto joven? Presta atención a los detalles de todos los que aparecen ante ti, no pienses si estás imaginándolos o no.

¿Ves animales cerca de tu compañero? ¿Perros o gatos? ¿Animales grandes o chicos? ¿Qué ves en su pelaje? ¿Es claro, oscuro, de colores? ¿Largo, mediano o corto?

Vuelve a mirar otra vez a tu compañero y fíjate si están presentes más ángeles, seres queridos difuntos o animales. Si uno o más de estos seres atrae tu atención, sintonízate con ellos pensando en la intención de comunicarte con ellos.

Aunque no veas a nadie cerca de tu compañero, o no estés seguro de lo que ves, puedes recibir mensajes precisos de los guías y ángeles de tu compañero que le traerán bendiciones. Inhala y exhala hondo, piensa en la intención de tener una conversación mental con esos seres.

Ahora, mentalmente, pregúntales: "¿Qué quieren que sepa de mi compañero?" Repite la pregunta al mismo tiempo que tomas nota de las impresiones que recibes como respuesta. Pon atención a los pensamientos, palabras, imágenes mentales o sensaciones que recibes mientras sigues preguntando: "¿Qué quieren que sepa de mi compañero?" No fuerces a que suceda algo, sólo confía en que estás recibiendo las respuestas y pon atención hasta al pensamiento, sensación, imagen o palabra más sutil que escuches mentalmente.

Después, mentalmente pregunta a los ángeles y guías de tu compañero: "¿Qué mensaje quieren que le dé a mi compañero de su parte?" Otra vez, mantente atento a las impresiones que

te lleguen en forma de pensamientos, sensaciones, imágenes o pala-
bras. No critiques ni desprecies esas impresiones, recíbelas con
indiferencia.

Entonces, mentalmente, pregunta de nuevo a los ángeles y guías de
tu compañero: "¿Hay algo que quieran que le diga a mi compañero?"
Cálmate y respira mientras tomas nota de la respuesta.

Por último, mentalmente pregunta a los ángeles y guías de tu
compañero: "¿Hay otra cosa que quieran decirle a mi compañero?"
Otra vez, escucha la respuesta en muchos niveles.

Lo más importante de una sesión con ángeles es tener el
valor de decirle a tu compañero todo lo que recibiste, aunque
no estés seguro de la información o te preocupe ofenderlo
(siempre reza para que puedas entregar los mensajes ofen-
sivos de manera diplomática y cariñosa). Aunque los mensajes de los ángeles no tengan sentido para ti, lo tendrán para
tu compañero. Entonces, pasa los siguientes minutos compartiendo todo lo que viste, sentiste, oíste o pensaste durante
la sesión mutua con los ángeles.

Cómo hacer escritura automática de manera segura y controlada

Los mensajes de los ángeles que aparecen en este libro y en
Terapia con ángeles los recibí a través del proceso de "escritura
automática". Éste es un método que te permite recibir mensajes
detallados desde el cielo. A veces, a la gente le da miedo la
escritura automática porque ha oído historias de espíritus
chocarreros que aparecen en esas sesiones fingiendo que son
ángeles o guías espirituales. Pero hay formas de protegerte
contra esas situaciones, como leerás más adelante.

Puedes tener sesiones de escritura automática casi con todos
los seres del mundo espiritual. Es una manera estupenda de

mantener y profundizar la relación con los seres queridos difuntos, y de sanar asuntos inconclusos y penas. Si te duele el corazón porque perdiste a alguien querido, entonces querrás comunicarte con ellos a través de la escritura automática.

Puedes usarla para comunicarte con cualquiera de tus seres queridos difuntos, aunque hayan muerto antes de nacer, cuando eran bebés o niños. Puedes tener contacto con aquellos que hablan diferentes idiomas, o con quienes eran retardados mentales o mudos, incluso hasta con tus mascotas difuntas. Eso es porque nuestros espíritus se comunican sin palabras y después "traducen" los mensajes a nuestra lengua. Sin embargo, te darás cuenta de que tu escritura automática contiene palabras que por lo general no son parte de tu vocabulario normal. Es posible que tu letra cambie y que de repente puedas escribir palabras que antes no podías, o viceversa.

La escritura automática también te ayuda en tu sendero espiritual. Por ejemplo, con esta técnica puedes tener conversaciones con Dios, tus ángeles de la guarda, los maestros ascendidos y los arcángeles. Puedes preguntarle a tus ángeles guardianes cómo se llaman y otras cosas más. Puedes pedir a tus arcángeles y maestros ascendidos que te ayuden a recordar, y a trabajar en tu misión.

También puedes recurrir a la escritura automática para comunicarte con un mentor espiritual (consulta la explicación del Programa de Mentores Espirituales en el capítulo "Cómo reconocer y recibir ideas divinas y pensamientos profundos", que empieza en la página 215).

En la escritura automática, puedes hacer el mensaje a mano, en máquina de escribir o computadora. Si vas a escribirlo, necesitarás cuando menos cuatro hojas de papel de tamaño normal, una superficie firme para escribir y una pluma o lápiz confiable. Es una buena idea que pongas música relajante de fondo y que te sientes cómodamente.

Inicia tus sesiones de escritura automática con una oración. Ésta es la que yo digo antes de una sesión. Está basada en mis creencias espirituales, así que tal vez quieras rescribirla para que concuerde con *tu* sistema de creencias. Nunca le diría a alguien cómo rezar, pero sí ofrezco esta plegaria como un ejemplo eficaz para pedir ayuda:

> *"Queridos Dios, Espíritu Santo, Jesús, Arcángel Miguel, todos mis guías y todos mis ángeles, les pido que estén presentes en esta sesión de escritura automática y se aseguren que todos los que se manifiesten sean seres positivos y cariñosos. Por favor, estimulen mi capacidad para oír, ver, pensar y sentir con claridad la comunicación divina. Por favor, ayúdenme para que reciba los mensajes con exactitud y distinga aquellos que me darán bendiciones a mí y a quienes los lean. Gracias y amén".*

Después, piensa con quién quieres comunicarte en el Cielo. Mentalmente, pide a ese ser que tenga una conversación contigo. Haces una pregunta y después escribes la respuesta que recibes, en un formato de preguntas y respuestas, como si fuera una entrevista. Mientras estés en la sesión de escritura automática, lo más importante es que seas auténtico. Escribe las impresiones que recibas, aunque no sepas si se trata de tu imaginación o no. Si no recibes nada, también escríbelo. Empezamos a escribir lo que sea, después eso cambia y se transforma en una comunicación espiritual auténtica.

Durante la sesión de escritura automática, es posible que sientas que alguien controla la pluma o lápiz. Como ya lo mencioné, tu letra, vocabulario y redacción cambian mientras dura la sesión. No permitas que esto te asuste, pues el miedo bloquea la comunicación divina. Recuerda que estás seguro y protegido por Dios y el arcángel Miguel (que es el "ángel de la puerta" que no deja que alguien con malas intenciones se acerque a ti). Puede ser que tu mano empiece a garabatear pequeños círculos, que es la manera en la que el espíritu te saluda y dice: "¡Estamos felices de comunicarnos contigo!"

Si los garabatos continúan por mucho tiempo, diles que a ti también te da gusto comunicarte con ellos, pero que les agradecerías si usaran una escritura que entendieras.

Es probable que el ego haga de las suyas en las sesiones de escritura automática y te grite: "¡Están inventando todo esto!" Si eso sucede, pide pruebas de que estás recibiendo una comunicación auténtica y pregúntale al ser con quien estás conversando: "¿Cómo sé que no estoy inventando esto?" La respuesta te convencerá de la autenticidad de la conversación divina. Pero si con eso no basta, sigue preguntando hasta que recibas una respuesta que le dé tregua al ego. O pide al ser que te mande una señal física y deja de escribir. Una vez que recibas la prueba física, te sentirás más seguro en la siguiente sesión.

Ahora, empieza con una pregunta que en serio quieres que sea respondida. Mentalmente, haz esa pregunta al ser espiritual y después escríbela en la parte superior de una hoja al mismo tiempo que la repites en tu mente. Sé optimista, piensa que será respondida. Escribe las impresiones que recibas a través de los cuatro canales de comunicación divina: pensamientos, sensaciones, palabras o imágenes. Después haz otra pregunta, luego otra y así sucesivamente.

Cuando termines de escribirle a ese ser, puedes iniciar una conversación con otro. Cuando la comunicación esté completa, da las gracias a todos los participantes. Los ángeles dicen que les encanta darnos mensajes porque es muy gratificante para ellos, pues cumplen con la voluntad de Dios. Cuando les damos las gracias a los ángeles, nuestro corazón se llena de gratitud. Y esa cálida sensación de agradecimiento es el "te amo" que intercambiamos con nuestros seres queridos celestiales al final de la carta de amor del Cielo.

Epílogo

Deja que el cielo te ayude

Todos recibimos mensajes de nuestros ángeles; de hecho, todos estamos recibiendo mensajes de nuestros ángeles... *en este momento.* Si no los entendemos, podemos pedir la ayuda de nuestros ángeles y utilizar algunas de las técnicas que se explican en este libro.

A los ángeles no les molesta que les pidas ayuda o respuestas, ellos *quieren* ayudarnos en todas las áreas de nuestra vida porque desean darle paz a nuestro planeta trabajando persona por persona. Si crees que te sentirás más tranquilo si recibes asistencia económica, si inicias una maravillosa relación sentimental o si consigues un empleo mejor, entonces los ángeles te ayudan con una misión sagrada. Ninguna petición es muy insignificante o monumental para los ángeles, tampoco los distraes de una labor más importante cuando los llamas. Después de todo, el número de ángeles disponibles para dar ayuda excede por mucho al número de personas que piden asistencia. Existen miles de millones de ángeles "desempleados" y aburridos a quienes les encantaría guiarte para que tu vida sea más fructífera y elocuente.

Eres digno de recibir amor, atención y bendiciones milagrosas de parte de Dios y de los ángeles. Te aman incondicionalmente, sin importar los errores que hayas cometido en la vida. Eres igual de especial que cualquier otro ser vivo. Si te sirve de algo, recuerda que Dios nos crea a todos igual de maravillosos. Minimizarte es minimizar a Dios.

El ego intenta convencernos de que no merecemos la ayuda ni la atención del Cielo porque somos malos e indignos. El ego trata de evitar que recordemos nuestra verdadera identidad y poder espirituales. Por favor, no escuches esa voz porque retrasará el cumplimiento de tu misión y el planeta necesita los frutos de ésta.

Ábrete para recibir los mensajes de tus ángeles, no te dirán algo que no puedas soportar y su intención no es controlar tu vida. Sus mensajes siempre nos ayudan a sentirnos más seguros y contentos y le dan más significado a todos los aspectos de nuestras vidas.

Puedes pedir que te acompañen más ángeles (o tus seres queridos) con el sólo hecho de pensar que deseas comunicarte con más de ellos. Puedes entregar esta petición a Dios o a los mismos ángeles y el resultado es el mismo, pues los ángeles son extensiones de Dios, literalmente son los pensamientos de Dios. Pide todos los ángeles que desees para ti o para otra persona.

El reino de los ángeles está lleno de especialistas en cada condición humana. Pide ángeles para que te ayuden con tu trabajo como padre, con la escuela, con la motivación para hacer ejercicio. Los ángeles quieren ayudarte y darte mensajes, pero sólo si se los permites. Y entre más dejas que te llegue ayuda del Cielo, más recursos tendrás para ayudar al mundo.

Si desarrollas la costumbre de incluir a los ángeles en cada aspecto de tu vida, funcionarás como miembro de un exitoso equipo deportivo. No estás haciéndolos totalmente responsables por tu vida, nada más están pasándole la pelota a todos los integrantes de tu equipo, a los ángeles. Si lo haces continuamente, la vida se vuelve más sencilla y tranquila.

Aunque el sufrimiento genera crecimiento espiritual, la satisfacción nos hace crecer mucho más. Aprendemos a través de la paz, y lo más importante es que puedes enseñar mejor a los niños y a los demás cuando estás en un estado de alegre relajación. ¡No necesitas sufrir para crecer! Dios no quiere que sufras, así como tú tampoco deseas que tus hijos sufran.

Si escuchas los mensajes de tus ángeles, *puedes* ayudar a crear un mundo en paz... persona por persona.

Impreso en Offset Libra

Francisco I. Madero 31

San Miguel Iztacalco,

México, D.F.